文史哲學集成

中日關係史研究論集（七）

鄭樑生著

文史哲出版社印行

國家圖書館出版品預行編目資料

中日關係史研究論集. 七 / 鄭樑生著. -- 初版
. -- 臺北市 : 文史哲, 民 86
面 ; 公分. --（文史哲學集成 ; 379）
ISBN 957-549-059-2 (平裝)

1. 中國 - 外交關係 - 日本

643.128　　86001071

文史哲學集成 379

中日關係史研究論集(七)

著　者：鄭　樑　生
出版者：文史哲出版社
登記證字號：行政院新聞局局版臺業字五三三七號
發行人：彭　正　雄
發行所：文史哲出版社
印刷者：文史哲出版社
台北市羅斯福路一段七十二巷四號
郵撥〇五一二八八一二彭正雄帳戶
電話：三五一一〇二八

實價新台幣三四〇元

中華民國八十六年二月初版

ISBN 957-549-059-2

中日關係史研究論集(七) 目次

序

自從明朝政府於洪武四年（一三七一）實施海禁，片板不許下海以後，東南沿海地區的居民無論要從事對外通商貿易或下海捕魚，都受到嚴重的影響。就貿易方面而言，明廷不僅訂出許多辦法以遏阻其軍兵民人之私自出境，及違禁下海，對海外諸國與部族酋長之來華也有所限制。他們如未與明正式建立主從關係，亦即諸外國與部族酋長們如不向大明皇帝陛下俯首稱臣，就無法獲准來華朝貢或通商。因此，當時的四夷君長酋帥如欲與明通商貿易，就得成為中華世界帝國之一員，以國王名義向大明皇帝陛下奉表稱臣納貢，以盡屬國之禮。那些附庸國之承認宗主國的地位之表達方式，則具體表現在朝貢的儀式上，而朝貢本身又包含著一種商業關係。

衆所周知，在明代的東亞國際環境裏，倭寇問題，明廷的海禁政策，及南海地方貿易的發展，也都與明、日兩國之交通貿易發生關聯。倭寇的行動目標非止於要求通商，或刼掠瀕海郡縣而已，連當地居民也加以擄掠，將之作為奴隸或予以販賣，或把他們當作貿易品之一送還中國，以求獲得更多的賞賜。當時日本向中國出口的貨物，除貢品外，尚有附搭物件、使臣自進物等。職此之故，本書首篇〈明永樂年間的中日貢舶貿易〉，即與倭寇發生關聯的情形下，來探討明永樂年間之中日兩國間的經貿問題，與此一時期的貿易之特色。

倭寇之寇掠東南沿海地區，雖始自元末，在朱元璋即位以後也不斷騷擾中國，但其最猖獗的時期則在嘉靖三十年代。當時倭寇之所以難於殄滅，固與軍律廢弛，軍紀敗壞，軍心怯懦有關，惟明廷內部的人事傾軋，或實際前往江南督察軍情者之陵轢官吏，顛倒功罪，冒功受賞，致嚴重影響士氣等，亦應與此有密切關聯。

在嘉靖二十年代中期，由於倭寇漸趨猖獗，乃特設浙江巡撫提督軍務，嚴格執行海禁。至三十五年五月，則除巡撫外，別置總督大臣，專門負責勦倭而廷推南京兵部尚書張經擔負此一大責重任。工部右侍郎趙文華經嚴嵩之推舉，於三十六年四月至江南祭告海神，因察軍情。文華初至江南時，總督張經方徵四方之兵及狼、土兵，欲俟其到齊之後方纔一舉進兵消滅賊寇。文華雖曾再三促經進兵，但經顧慮他個性佻淺，有洩漏師期之虞，故未將自己計畫告訴他。文華因而憤怒，遂疏劾經養寇失機，謂其才能可滅賊而躊躇不前。文華之〈疏〉抵北京時，經在平望王江涇獲空前大捷，竟因文華之疏劾並奪其功，致被論死。浙江巡撫李天寵也因平日不取寵於文華，故以莫須有之罪名被害，而參將湯克寬亦遭池魚之殃，天下冤之。文華之所以敢顛倒是非，陷害功臣，乃由於恃嚴嵩爲其內援。如果嵩不包庇文華，在世宗面前據實以告，則經、天寵、克寬等人既不會被論死，也可因而獲得應有之獎勵，繼續從事勦倭工作而早日消彌沿海倭亂，不致此亂滋蔓難圖。因此，當時倭寇之所以難於消滅，嚴嵩之濟惡也應負相當的責任。本書第二篇〈嚴嵩與靖倭之役〉，除探討嵩處理日本貢使問題外，主要論述他與文華陷害功臣的經緯。

且說張經以莫須有之罪名被陷害以後，擢巡撫蘇松諸府右僉都御史周珫爲兵部右侍郎代之。但珫在勦倭工作上既無值得一提之表現，當時的浙江巡撫胡宗憲又覬覦此一職務，故宗憲之同黨趙文華乃予推薦，珫則被黜爲民。珫之在位，前後僅三十四日而已，惟宗憲並沒有達到目的。珫被黜後由南京戶部右侍郎楊宜擔任總督，然在半年以後，爲文華所請罷。此後，吏部尚書李默曾推舉南京戶部右侍郎王誥繼其職，卻因受李默被文華所誣之累，沒有上任而由胡宗憲擔任此一職務。

《明史》謂倭寇之蹂躪蘇、松地方，始自嘉靖三十二年，訖於三十九年，其間爲巡撫者十人。安福彭黯，遷南京兵部尚書。畏賊，不俟代而擅自離去，故下獄除名。黃岡方任、上虞陳洙，皆未抵任。前者丁憂，後者則以才不足任而別用。而代以寧波人屠大山，使之提督軍務。蘇、松巡撫之提督軍務，從大山開始。經半年，因病去職，旋坐失事下詔獄，爲民。繼任者爲周珫。周珫之後爲定陶曹邦輔。以文華之譖言而下詔獄，謫戍朔州。其次爲眉州張景賢，因考察奪職。之後爲盩厔趙忻，坐金山軍變，下獄貶官。繼忻者爲江陵陳錠，僅數月就被免職。翁大立繼錠擔任此職時倭患雖已息，卻因坐惡少年鼓譟爲亂而罷職，所以沒有一個不因得罪而去職的。本書第三篇〈明嘉靖間靖倭督撫之更迭與趙文華之督察軍情〉，即針對當時剿倭督撫的人事問題，與趙文華之關聯上來論述。

明代倭亂，尤其嘉靖三十年代的倭亂，不僅對東南沿海地區居民的日常生活造成嚴重威脅，破壞既有的社會結構，也使糧食生產或其他產業陷於停頓，物資的流通也必陷於癱瘓。雖然如此，但爲了剿倭，卻非解決爲募兵、調兵而來的軍餉問題不可。亦即爲防倭、剿倭，必須籌措足夠的軍餉方能濟用。當時軍費的來源不外乎爲汰冗費，省繁文，酌留應解中央的各種稅收，如：布匹、船料事例、榷關門商稅、兵部草場銀，戶部糧草折銀、戶部銀、太倉銀、糧餉、餘鹽銀、各地庫銀等，或加徵各種稅，如：田地稅、山蕩稅等，項目繁多。

明朝政府爲平定倭亂，不僅一再調兵遣將，招募兵勇，而且再三撥出帑藏，或酌留上述那些各地應繳中央的稅款，以充軍餉，或蠲減錢糧，以甦民生。

嘉靖年間發生於東南沿海地區的倭亂，非只使明朝當局不時招募兵勇或調兵遣將，致政府爲因應此一變亂而用去不少帑藏，當地民衆也因此無法從事生產而顚沛流離，甚至家破人亡。結果，嚴重影響了國家的財賦收入。當時的國家財政，非但入不敷出，而且有將往年貯存的錢糧用罄之虞。爲彌補財賦所作提編、加派措施，雖被部分不肖官員作爲斂財手段而衍生不少問題，但明朝當局卻認爲：「民固所當恤，倭情尤爲可慮」，亦即明政府雖明知提編、加派所衍生的弊端，但與倭患較之，則其害較輕微，故不得不仍然採取頗受訾議的，彌補國庫空虛的下策。本書第四篇〈明東南沿海地區倭亂對明朝財賦的影響〉，即對此一方面的問題而立說。

在有明一代的靖倭戰役中有不少將士爲國捐軀，也有不少府、州、縣、衛、所城被攻陷。在平定倭亂之際，除軍人之殺身成仁外，地方文官之於各靖倭戰役中殉難者亦不乏人。由於並非每一文官都有與賊作戰的能力，其手無縛雞之力的文弱書生，當寇賊一旦來襲，則他們之會慘遭殺戮，自屬必然，而這類人員之遠較爲捍衛鄉土而犧牲生命者爲多，可由《籌海圖編》、《倭變事略》、《嘉靖東南平倭通錄》、《明實錄》、《明史》〈日本傳〉等獲得佐證。這些事實對當時社會的秩序，產業的發達，物品的流通，或其他一切經濟活動，居住環境所造成的傷害，實難於估計。

那些倭寇既然攻城掠邑，殺害官員，則除姦淫擄掠外，對一般民衆也必有所殺傷，而此一事實，只要翻閱當時人所紀錄之倭寇關係史料，便可瞭解其梗概。

倭賊既刼掠東南沿海地區，公然抵抗官軍，使地方官員傷亡，更殺擄一般男婦，及焚燬官民廨舍，則必嚴重影響地方之治安。所以此一地區的居民不僅無法安居樂業，而且隨時都會有喪失生命之危險。在此情形之下，戶口之會因而有所損耗，自屬必然。

因此，本書末篇〈明嘉靖間之寇亂與東南沿海地區的社會殘破〉一文，即針對著上述問題，將東南沿海地區各府、州、縣、衛、所被攻陷的情形，與軍人、地方官員之傷亡，以及人口損耗的情況加以表列，來論述當時該地區因倭亂而殘破的一斑。

以上各篇什雖各有其主題，但它們彼此之間都有密切的關聯性，所以本論文集若能因而有助於瞭解明代倭亂給中國帶來災害的情形以萬一，則幸甚。

一九九七年歲次丁丑初春**鄭樑生**識於淡江大學歷史學系

明永樂年間的中日貢船貿易

一、前　言

元朝統治中國期間，雖曾於沿海一帶設置若干課徵商稅的市舶提舉司，在某種場合程度上控制著海上交通，卻沒有當作一個十分重要問題來看的海禁政策。然當朱元璋推翻元蒙，建立明朝以後，則對海外關係採取相當嚴格的控制手段，在沿海地區始終施行海禁。此一禁令的執行雖時嚴時寬，但它之長期存在，乃不容否認之事實。①

如衆所周知，明太祖是鑒於倭寇擾邊而實施海禁，且爲貫徹此一政策而訂許多辦法以遏阻其軍兵民人之私自出境，及違禁下海，致明代文獻中常有：「明初定制，片板不許下海」②之句。太祖對國人的態度固然如此，對海外諸國與部族酋長之來華亦有所限制。他們如未與明正式建立主從關係，亦即諸外國與部族酋長們如不向大明皇帝陛下俯首稱臣，就無法獲准來華朝貢或通商。因此，當時的四夷君長酋帥如欲與明通商貿易，就得成爲中華世界帝國之一員，以國王名義向大明皇帝陛下奉表稱臣納貢，以盡屬國之禮。那些附庸國之承認宗主國的地位之表達方式，則具體表現在朝貢的儀式上，而朝貢本身又包含著一種商業關係。③朱明政權爲充分控制這種關係，曾於洪武十六年（一三八三）首次頒發勘合給暹羅、占城、眞臘，以後漸及諸國。④同時又規定那些國家朝貢的期限，如：兩年一貢或三年一貢等；不但規定他們朝貢的路程，如：取道廣東、福建、浙江等；並且規定他們居住與停留之地點，如：廣東懷遠驛，福建來遠驛，浙江安遠驛，在京師則有會同館供他們歇宿；規定他們來貢的船數與人數；也規定他們一定的貢品，隨地所宜，確定品類。⑤當他們來華時，必須呈驗前所頒發之勘合，與勘合底簿比對無誤後，方纔承認其由國王所遣，允許他們入貢，否則，就認爲是冒充而加以拒絕。⑥

表一：對諸國貢期的規定

國名	貢期	備註
安南	三年一貢	
占城	三年一貢	
朝鮮	一年數貢	
琉球	二年一貢	曾一度一年一貢
日本	十年一貢	
眞臘	不一定	
暹羅	三年一貢	
爪哇	三年一貢	

典據：《明會典》、《明實錄》、《皇明外夷朝貢考》

在太祖之治世（一三六八～一三九八），日本雖曾以日本國王懷良，或日本、日本國、嶋津越後守臣氏久、征夷將軍源義滿等名義，遣人來貢十三次，非但未因此正式建立邦交，⑦且又發生所謂之林賢事件，致給明、日兩國交通帶來決定性之破裂，太祖乃採與之斷交

表二：洪武年間明、日兩國使節往來情形表

洪武年	月	日	遣使者	使節人員		事由	典據
				姓名或法號	身分		
二	二	六	太祖	楊載	行人	以即位詔諭，賜日本國王璽書	太祖實錄卷三八
三	三		太祖	趙秩	萊州知府同知	持詔諭日本國王良懷。	太祖實錄卷五〇
四	一〇	一四	日本國王良懷	祖來	僧侶	進表箋、貢馬及方物，并僧九人來朝。又送至明州、台州被擄男女七十餘口。	太祖實錄卷六八
五	五	二〇	太祖	仲猷祖闡、無逸克勤等八人	僧侶	送祖來一行返國，賜良懷大統曆及文綺、紗羅等未果。	明史日本傳 鄰交徵書首卷
五	五	二二	高麗、日本	不詳	不詳	歸所掠海濱男女七十八人。	太祖實錄卷七三
七	六	一	日本國臣（足利義滿）	宣聞溪 淨業 喜春	僧侶 僧侶 僧侶	無表，卻之，仍賜宣聞溪等文綺、紗羅各二匹，從官錢帛，有差。	太祖實錄卷九〇
七	六	一	嶋津越後守臣氏久	道幸 尤虔	僧侶 通事	無本國命而私貢，卻之。賜道幸等文綺、沙羅各一匹，錢布有差。	太祖實錄卷九〇
七	六	二四	日本國	不詳	不詳	以所掠濱海民一百九人來歸。	太祖實錄卷九〇

八	一		日本	不詳	不詳	入貢。上命禮部卻之，仍命各賜文綺，有差。	太祖實錄卷九六
九	四	一	日本國王良懷	圭庭用	沙門	奉表，貢馬及方物。詔賜其王及庭用等文綺帛，有差。	太祖實錄卷一〇五
一二	閏五	一三	日本國王良懷	劉宗秩 尤虔 俞豐	不詳 通事 通事	上表，貢馬及刀、甲、硫黃等物。賜良懷織金文綺，宗秩等服物，有差。	太祖實錄卷一一五
一三	五		日本國王良懷	慶有	僧侶	貢馬及硫黃、刀、扇等物。無表，不誠，卻之。	太祖實錄卷一三一
一三	九	七	征夷將軍源義滿	明悟 法助	僧侶 僧侶	無表。其奉丞相書辭意倨慢，卻其貢。	太祖實錄卷一三三
一三	一二		太祖	不詳	不詳	詔諭日本國。	太祖實錄卷一三四
一四	七	一五	日本國王良懷	如瑤	僧侶	貢方物及馬十匹，卻其貢。命禮部書責其王。	太祖實錄卷一三八
一九	一二	九	日本國王良懷	嗣亮	僧侶	上表，貢物。卻之。	太祖實錄卷一七九

的方針，加強海禁，將日本列爲十五個不征國之一。⑧迄至惠帝建文三年（應永八年，一四〇一），其室町幕府（一三三六～一五七三）第三任將軍足利義滿，因九州商賈肥富之建議，乃以其侍從祖阿

及肥富爲正、副使來貢，⑨方纔正式揭開明、日貢船貿易之序幕。

二、日本來貢的契機

在成祖永樂年間（一四〇三～一四二四），足利義滿曾先後遣貢使五次來華。在太祖時代則於洪武七年六月，及十三年九月遣使入貢，⑩其在洪武年間所遣的兩次，均因無表文或其書辭倨慢，不合明廷之旨，復違反明廷所希望與明正式建交之方式，及不承認他是日本國王而見拒。⑪但對明貿易而能得龐大利益之事，早在義滿祖父——室町幕府首任將軍尊氏派遣天龍寺船⑫來華時已獲實證；並且經明德之亂（一三九一）⑬及應永之亂（一三九九）⑭，終於掌握了海權。所以在惠帝建文三年（一四〇一），當九州商賈肥富向他提及對華貿易之事，並建議他從事一本萬利的事業時，乃又觸動其食指，使他步上對明朝貢的軌道，⑮使日本成爲中華世界帝國的一員，在通商貿易方面，受到以朝貢、回賜關係爲基準的形態之限制。從經濟史的意義上言，日本所受此種冊封體制的限制雖必須對大明皇帝盡屬國之義務，但身爲宗主國的明朝卻必須給朝貢諸國以回賜，故亦得付出極大代價。相反的，朝貢國除獲鉅額金錢及物品的回賜外，又可引進中華之先進文化而得到莫大裨益。

太祖雖於其治世之末年將日本列爲十五個不征國之一，然與其來往與否，端看日本的態度如何而定，所以不征國並不意味斷交，不征國乃與征國對應之概念。太祖所意圖的征國指足以成爲中國之患的北虜，而東海、南海各國，則均爲地處邊陲之小國，不勞一提，意思是不值得征伐，故將它們視爲不征之國，而採取透過朝貢關係，以友好的懷柔政策來對待之。⑯成祖即位以後，除立即遣使以即位告諭朝鮮、安南、暹羅、爪哇、琉球、日本、蘇門答剌、占城諸國外，且諭禮部職官：「諸番國以土物來市易者悉聽其便，或有不知避忌，而誤干憲條，皆寬宥之以懷遠人。今四海一家，正當廣示無外，諸國有輸誠來貢者聽」。⑰成祖既有此旨意，日本又有輸誠來貢之意願，明廷自然不會加以拒絕，而使它成爲東亞世界之一員，置諸自己統制體制之下。

就當時的東亞國際環境而言，倭寇問題，明廷的海禁政策，及南海等地方貿易的發展，也都與明、日兩國之交通發生關聯。倭寇的行動目標非止於要求通商，或刼掠瀕海郡縣而已，連當地居民也加以擄掠，將之作爲奴隸或予以販賣，這些事實都使得明、日兩國非建立邦交不可。因爲倭寇的本源在日本，如要根絕倭寇，就得把日本納入東亞世界的體制中。因此，倭寇問題實爲導致完成此東亞世界之過程的因素之一。而明朝的海禁政策卻只許朝貢貿易之存在，結果，以朝貢貿易方式，以貢品名義從四夷進口的貨物，幾乎都是上流階級的用品與軍用物資。海禁與朝貢兩種政策，雖有內外之別，然其關係卻是表裏難分，故對明而言，它們乃符合防止海盜横行，與維持由政府控制的貿易形態，亦即兼顧政治、經濟兩方面之目的者。抑有進者，當時的東南亞各國，如安南、暹羅等與明之間均有朝貢關係，而那些地區的船隻也曾經航行日本，此種情形與前一朝代不同而正在發生變動，故明朝的朝貢政策與海禁政策，正好給那些國家提供活動的舞臺，日本也因其國內需要而不得不追隨此一形態，成爲中華世界帝國之一員。

三、日本貢船之來華

前文已說，足利義滿因九州商人肥富之建議而觸動其對明貿易之意念，於惠帝建文三年遣使來華，當時所齎〈表文〉云：

> 日本准三后某（足利義滿）上書大明皇帝陛下，日本國開闢以來，無不通聘問於上邦。某幸秉國鈞，海內無虞。特遵往古之規法，而使肥富相副祖阿通好。⑱

此係採呈文方式，措辭合乎明廷的要求。所謂三后，就是皇后、皇太后、太皇太后。准三后，即比照三后，亦即其地位比照三后，起居可以享受如同三后之排場，而足利義滿係在洪武十六年（弘治三年、永德三年，一三八三）二十六歲時，由其長慶天皇授與此種殊榮。此一〈表文〉之特別引起我們注意的，即其受文者爲「大明皇帝陛下」，非如他在洪武年間遣使來華時所呈之致中書省或丞相形式，此乃援用日本宮廷政權之舊例而爲。因祖阿一行來貢，明朝與日本的正式邦交便開始了。

當祖阿一行完成朝貢使命，束裝返國時，惠帝派遣釋天倫道彝、一菴一如隨之赴日。其所以以僧侶爲使，乃倣太祖之故智。⑲天倫、一菴一行於建文四年七月抵九州筑紫（博多），⑳八月到達攝津兵庫（神戶）。㉑九月五日，在京都北山山第（義滿別墅，今金閣寺）謁見義滿，呈遞詔書。當時，義滿依照《明集體》，卷三二，〈賓禮〉三，「蕃國接詔儀注」之規定，使人奏樂、焚香，親自行三鞠躬禮，下跪捧讀詔書，完成身爲屬國國王所應盡之禮節。義滿的這種態度，乃被納入中華世界帝國之一員的屬國國王之態度。該國書稱義滿爲「爾日本國王源道義」，又言「班示《大統曆》，俾奉正朔」，此係明以宗主國立場所作表現，將日本納入爲中華世界帝國之一員的冊封關係之象徵，乃根據以往中國國內封建的君臣關係，與傳統的中華思想而來。

天倫、一菴等人滯留京都凡六閱月，其間曾與其五山僧侶有過來往，於翌年二月離開京都，三月揚帆西歸。㉒此時，義滿以天龍寺僧侶堅中圭密爲正使，偕梵雲、明空二僧及通事徐本元一行來華。出發前，日方對成祖篡位事已有所聞，但尚未證實，故事先準備兩件擡頭相異的表文以爲因應之需。㉓因義滿在此次表文中自稱「日本國王臣源」，㉔故意味其奉明正朔，臣服於中華世界帝國，使成祖稱他爲「爾日本國王源道義」，並言：「朕登大寶，即來朝貢，歸嚮之速，有足褒嘉」。且賜他日本國王冕服、龜紐金印，及其他許多絲織品等，㉕從而完全成爲中華世界帝國所冊封之「日本國王」而臣屬於明。據說此時所賜金印「光輝照人，斤兩尤重，以兩手難提持，實（日本）國家之遺寶」，㉖上面鐫有「日本國王之金印」字樣。㉗據《萬曆重修明會典》所載，明頒與四夷的印章分金印、鍍金銀印兩種。金印只給日本、朝鮮兩國，琉球、安南、占城、爪哇等國，則俱與鍍金銀印，可見明廷重視日本之一端。義滿於其表文自署「日本國王臣源」，雖成爲後世日本學者批判之對象，以爲此乃有辱其國格之外交，㉘然就當時日本國內之充滿崇華氣氛，其朝野人士之愛好中華文物，以及傳聞明朝發生政變，即準備兩種國書以爲因應之情形來看，義滿的這種做法無非順應其朝野之需要而爲，更何況奉明正朔的並不止於義滿個人，在他以後的歷任將軍遣使來華時，也都自稱「日本國王臣源」，對

「大明皇帝陛下」用明朝年號，呈奉表文㉘。

日本自成祖即位以後的數年之間，曾先後遣使來貢五次。迄至永樂六年五月，足利義滿竟因急病而年僅五十一就去世。同年十一月，其世子義持遣僧堅中圭密來告訃，成祖乃於十二月二十一日，賜義持以國書及祭義滿文，遣中官周全東渡弔唁，㉙且賜謚恭獻。全於明年七月五日在北山山第謁見義持。㉚又明年四月，全回國時，義持復遣圭密來華謝弔乃父之恩。㉛故成祖於永樂九年令王進赴日，㉜但義持竟阻進入京都。進不得已，乃於同年九月九日自兵庫西返。㉝《明史》〈日本傳〉謂「其君臣謀阻進不使歸，進潛登舶，從他道遁還。自是，久不貢」。鄭若曾，《籌海圖編》，卷二，〈王官使倭事略〉則謂：「彼夷初御以禮，後起別議，輒下瀼江龍予港口，得支港潛出，彼夷婦密引而還」。在此所謂他道，當係指其日後來貢時之南海道，亦即經由其四國土佐外海，復經薩摩（今九州南部鹿兒島縣）附近海洋，至浙江寧波之航路而言。之後，王進曾於永樂十五、十七兩年，奉成祖之命赴日兩次，要求義持禁戢倭寇，結果，均無法進入京都而徒勞往返。而義持自阻王進入其京城後，亦不復遣貢使來朝。因此，直至足利義教於宣德年間復貢為止的十餘年間，彼此往來中斷，倭寇又復肆虐沿海矣。有關義持與明斷交的理由，非本文考察範圍，姑且不談。

表三：建文、永樂年間中、日使節往來一覽表

日本貢使

使節姓名	來華年月	返日年月	典據
肥富 祖阿	建文三年（應永八年，一四〇一）	建文四年（應永九年，一四〇二）二月	善鄰國寶記
堅中圭密 祥庵梵雲 明空	永樂元年（應永十年，一四〇三）十月	永樂元年（應永十年，一四〇三）十一月	太宗實錄 善鄰國寶記
明室梵亮	永樂二年（應永十一年，一四〇四）十月	永樂二年（應永十一年，一四〇四）十二月	太宗實錄
源通賢	永樂三年（應永十二年，一四〇五）十一月	永樂四年（應永十三年，一四〇六）十一月	太宗實錄
堅中圭密 中立	永樂四年（應永十三年，一四〇六）八月	永樂五年（應永十四年，一四〇七）五月	太宗實錄
堅中圭密	永樂六年（應永十五年，一四〇八）五月	不詳	太宗實錄

明朝使節

使節姓名	赴日年月	返國年月	典據
天倫道彝 一菴一如	建文四年（應永九年，一四〇二）二月	永樂元年（應永十年，一四〇三）九月	善鄰國寶記
趙居任 張洪 道成	永樂元年（應永十年，一四〇三）九月	永樂二年（應永十一年，一四〇四）七月	太宗實錄 善鄰國寶記
潘賜 王進	永樂二年（應永十一年，一四〇四）十一月	永樂三年（應永十二年，一四〇五）八月	太宗實錄 善鄰國寶記
俞士吉	永樂四年（應永十三年，一四〇六）正月	永樂四年（應永十三年，一四〇六）八月	太宗實錄 善鄰國寶記
不詳	永樂五年（應永十四年，一四〇七）	永樂六年（應永十五年，一四〇八）	善鄰國寶記

不詳	永樂六年（應永十五年，一四〇八）五月	永樂六年（應永十五年，一四〇八）五月	太宗實錄
堅中圭密	永樂八年（應永十七年，一四一〇）四月	不詳	太宗實錄

周全	永樂六年（應永十五年，一四〇三）十二月	不詳	太宗實錄 善鄰國寶記
呂淵	永樂十五年（應永二十四年，一四一七）十月	永樂十六年（應永二十五年，一四一八）四月	太宗實錄 善鄰國寶記
呂淵	永樂十七年（應永二十五年，一四一九）七月	永樂十七年（應永二十五年，一四一九）八月	太宗實錄 善鄰國寶記

四、貿易品

《萬曆重修明會典》，卷二一一，〈禮部給日本國〉條云：

> 正貢外，使臣自進，并官收買；附來物貨俱給價，不堪者令自貿易。

所謂正貢，就是貢品。日本貢船所載貨物，可分貢品、使臣自進物、附搭物件三種。明廷對貢品有回賜，此乃對進貢國家的恩賜，故不給價。然如就「有貢即有賜」㉞而言，以與貢品相對觀之，則可認爲係一種貿易。㉟所謂附搭物件，乃指幕府的附搭物件（本國附搭物件），使臣自進物（差來人附搭物件），及客商（隨貢船來華的商賈）的附搭物件。而釋瑞溪周鳳編，《善鄰國寶記》宣德八年（永享五年，一四三三）勘合所紀「開寫進貢方物件數，本國并差來人附搭物件，及客商物貨」，即指此而言。它們俱爲貿易品，概由官方收購。茲依貢品、附搭物件、使臣交易的次序，來考察永樂年間中、日兩國的貿易品。

1. 貢品

如據《善鄰國寶記》，應永八年〈表文〉所紀，則建文三年足利義滿以祖阿爲正使，首次來貢時之貢品爲：

金千兩，馬十匹，薄樣千帖，扇百本（枝），屏風三雙，鎧一領，筒丸一領，劍十腰，刀一柄，硯筥一合，同文臺一箇。

明年，明使天倫道彝、一菴一如東渡時賜予日本者爲：

錦、綺二十匹。

永樂元年，堅中圭密來華時之貢品則爲：

生馬貳拾匹，硫黃壹萬斤，瑪瑙大小叄拾貳塊計貳百斤，金屏風三副，槍壹千柄，太刀壹佰把，鎧壹領，匣硯一面，并匣扇壹佰把。

日後的貢品目與此大致相同。至於成祖回賜足利義滿的，如據該書所錄「大明國別幅并兩國勘合」，則明使趙居任於同年攜往日本者爲：

紵絲五匹，紗五匹，絹四十匹，紅雕漆器五十八件，盤一十四箇，香疊二副，花瓶一箇，卓器二卓，每卓一十六件，共三十二件，碗五箇。

兩年後，潘賜所攜者則爲：

鈔五十錠，錢千五百緡，織金文綺、紗、羅、絹三百七十八匹。

並且因義滿以前此所獲對馬、壹岐海寇獻於明，故成祖除賜上舉物品外，又特賜：白金千兩，織金及諸色彩幣二百匹，綺綉衣十件，銀茶壺三，銀盆四，及綺、羅、紗、帳、衾褥、枕、席（薦）、器冊諸物，并海舟二艘。㉞永樂五年東渡的明使，則帶給義滿白金千兩，銅錢一萬五千緡、綿、紵、絲、紗、羅、絹四百一十匹，僧衣十二襲，帷帳、衾褥、器皿若干；給其妻白金二百五十兩，銅錢五千緡、綿、紵、絲、紗、羅、絹八十四匹。㊲永樂六年，義滿去世而遣周全往弔時，則以絹、麻布各五百匹爲賻，並使全齎詔封義持爲日本國王而頒賜錦、綺、紗、羅各六十匹。㊳

以上所列者爲建文、永樂年間的日本貢品與明朝回賜品，宣德以後的，與此大致相同。如將它們與《萬曆明會典》，卷一〇五所載貢品比較，便可知各國貢品俱係其特產。又，該書所紀日本貢品有蘇木、牛皮等。日本不產此類貨物，然當披閱《星槎勝覽》或《東西洋考》等書時，得知蘇木產地爲安南、眞臘、暹羅等國，故日本所貢者可能得自琉球。至於牛皮，亦可能經由琉球入手的南洋各國之產物。

2. 附搭物件

《明會典》，卷一一三，〈給賜番夷通例〉所紀「洪武二十六年定」，有關收購附搭物件的原則云：

凡遠夷之人，或有長行頭匹，及諸般物貨，不係貢獻之數，附帶到京，願入官者，照依官例具奏，開給鈔錠，酬其價值。

那麼，日本的附搭物件之內容如何？《吉田日次記》所紀永樂元年來華的情形云：

下（三）月三日，自兵庫乘船。此次亦爲交易而附與各種兵器，且通知諸大名（諸侯）作如此安排。

可見他們的附搭物件中有武器。故他們一行抵華時，當時的禮部尙書李至剛奏謂：

凡番使入中國，不得私載兵器、刀槊之類鬻於民，具其（有）禁令。宜命有司會檢。番舶中有兵器、刀槊之類，籍封送京師。㊴

成祖謂：

外夷向慕中國，來修朝（職）貢，危踏（蹈）海波，跋涉萬里。道路既遠，貲費亦多。其各有賫，以助路費，亦人情也，豈當一切拘之禁令？㊵

至剛答謂：

刀槊之類，在民間不許私有，則亦無所鬻，惟當籍封送官。㊶

成祖復謂：

無所鬻，則官爲準中國之直市之，毋拘法禁，以失朝廷寬大之意，且阻遠人歸慕之心。㊷

成祖以爲即使不許民間私有武器，也可由官方收購。故武器乃被列爲官方收購的對象。自此以後，刀劍㊸便成爲日本對華貢船貿易之貨物的大宗。建文、永樂年間的附搭物件內容雖不詳，但《明英宗實錄》卻以「宣德八年賜例」，將景泰四年（一四五三）來華的龍室道淵一行所帶貨物，及其收購價格錄列如次：

蘇木、硫黃，每斤鈔一貫；紅銅，每斤三百文。刀劍，每把十貫；鎗，每條三貫。扇每把，火筯每雙，俱三百文。抹金銅銚，每箇六貫。花硯每箇，小帶刀每把，印花鹿皮每張，俱五百文。黑漆泥金、灑金，嵌螺甸花大小方、圓箱盒，并香壘等器皿，每箇八百文。貼金、灑金硯匣，并硯銅水滴，每副二貫。折支絹布，每鈔一百貫絹一匹，五十貫布一匹。當時所貢，以斤計者，硫黃僅二萬二千，蘇木僅一萬六百，生紅銅僅四千三百；以把計者，袞刀僅二，腰刀僅三千五十耳。㊹

由此可知，日本舶載的貨物種類、數量，及那些貨物在中國被收購的價格。當時日本貢船附搭的刀劍，其國內價格每把不過八百文至千文，㊺而明廷的給價竟高達十貫，故其所獲利益在十倍以上。至於其他貨物的利潤，更無須贅言。明廷給價之所以遠超市價，乃一方面表示薄來厚往的上國風範，一方面藉此阻止民間私販。㊻不過代宗景泰（一四五〇～一四五六）以後，因日本的貢船、人員、貨物的數目均較往日多出數倍至數十倍，所以明廷曾對其給價打了很大折扣，而以時價給付，㊼並且在孝宗弘治年間（一四八八～一五〇五），詳細規定各種蕃貨的價格。至其價格內容，則詳《明會典》，卷一一三，〈禮部〉，七一，「給賜番夷通例」。㊽

當時明朝所收購者乃品質良好的，其不收購者令自貿易，如願入官，則亦給與相當價格。《禮部志稿》，卷三六，〈會同館〉條云：

> 洪武二十六年定，凡遠夷之人，或有長行頭匹，及諸般物貨，不係貢獻之數，附帶到京，願入官者，照依官例具奏，關給鈔錠，酬其價值。

《明世宗實錄》，卷一四七，嘉靖十二年甲戌朔癸巳條則云：

> 凡外夷進貢方物，邊臣驗上其籍，禮部按籍收進給賞。其籍所不載，例准自行貿易。貢事既竣，即有餘貨，責令帶歸。願入官者，部爲奏聞給鈔。正德末，黠（點）夷猾胥，交關罔利，乃有貿易餘貨，令市駔評價，官酬絹紗之例。

以上乃明廷處理諸夷次等貨物的情形。

那麼，明廷在何處將貨款付給日本貢使呢？王恕，《王端毅公奏議》，卷四，〈關過內府銅錢給賞日本國使臣事畢奏狀〉云：

> 節該欽奉勑，臣等及南京戶部、禮部，今該給日本國正賞并物價，銅錢一千六百五萬六千三百

九十文。勅至：爾等會同太監安寧等，轉行南京天財、廣惠二庫，照數開出，公差同去官員，明白給賞。事畢之日，爾等仍將關過銅錢數目，明白奏報，欽此遵。臣等會同南京守備太監安寧等，轉行南京户部、禮部，及南京天財庫，照數關出項銅錢，公同差來行人鄧庠給賞外，各夷俱於成化十四年四月十一日起程去訖。緣奉勅，仍將關過銅錢數目，明白奏報事理。今將給賞過銅錢數目開坐，謹具題知。

上舉事情發生的時間雖稍晚而爲成化十四年（文明十年，一四七八），日本以竺芳妙茂爲正使來貢時之事際，卻可由此得知，日本貢使的附搭物件之貨款，是由南京的天財庫、廣惠庫支付的。

3. 使臣交易

前文已說，與明廷進行的官方物貨交換，其對象是對方的官府，但貢使中也有商人冒充官府的，如客商之流是。他們冒充國使來華的目的在漁利，因此，所謂通貢貿易，非僅是官方貿易，也有私人貿易件隨其間。㊾

明廷對四夷來貢，雖准許他們從事交易，然對他們所爲交易的地點卻有所規定，不可隨時隨地任意而爲。當時他們在中國所做的交易，可分會同館貿易和沿途貿易兩種。會同館乃接待外國使節的場所，各國貢使抵北京後在此食宿，並有職官司其事，故它有如今日國家賓館。《禮部志稿》，卷三四，〈會同館〉條云：

國初，設南京公館爲會同館。永樂初，設會同館於北京。三年，併烏蠻驛入本館。正統六年，定爲南北二館。北館六所，南館二所。設大使一員，副使二員。內以副使一員分管南館。弘治中，照舊添設禮部主客司主事一員，專以提督事務。

會同館的職官除上述者外，尚有役夫四百人專司番客飯食，及供應彼輩之所需，並有差役、庫子、管守等人員關照貢品，專門醫師爲貢使們診病，由太醫院提供所需藥材，㊿可見他們停留會同館期間受到非常妥善的照顧。

如據《明會典》的記載，貢使一行在會同館所爲交易，是在覲見明朝皇帝以後，亦即在完成朝貢儀式後方纔舉行。此項交易，乃各國貢使來華朝貢的主要目的之一，但他們的這種交易，明廷卻有如下之嚴格規定：

又令夷人朝貢到京，會同館開市五日，各舖行人等入館，兩平交易，染作布絹等項，立限交還。如賒買及故意拖延騙勒，夷人久候不得起程，並私相交易者同罪，仍於館前枷號一箇月。若各夷故違潛入人家交易者，私貨入官。未驗賞者，量爲遞減。通行守邊官員，不許將曾經違犯夷人起送赴京。又令會同館內外四鄰軍民等，代替夷人收買違禁貨物者同罪，枷號一箇月，發邊衛充軍。51

可見他們在會同館所爲之交易，不僅有時間上之限制，而且如果違犯禁令，則無論行人或各夷都會受到嚴厲制裁。不過此一條文在萬曆年間曾經增修爲「各處夷人朝貢領賞之後，許以會同館開市三日或五日」。明廷之所以限制他們的交易活動，可能係爲防範其私販之故。惟日本在嘉靖二十八年（天文十八年，一五四九）以後，因其國內情勢發生變化而不復來貢，所以這種修改對他們並無任何作用。

如前文所提，日本貢使領取貨款的地點在南京，因此他們在領款後才在彼處購物，並且巧妙利用中國南北方銀錢行市之差異，來獲取更多的利益。曾以外官身分來華的阿拉伯裔日人楠葉西忍言其在華期間之商業活動云：

在中國所得貨款，於北都王城將本錢十文的物品以一貫出售。以此一貫所購貨物，在南都以二貫出售。復以此二貫在南都所購物品，在明州以三貫賣出，更以此三貫購蠶絲回日本，有利也。㊿

我們雖無從得悉日本貢使一行之於往返北京途次購買何物，卻可由曾經在嘉靖十八、二十六年先後兩次來貢的策彥周良之日記——《初渡集》、《再渡集》瞭解他個人購物的情形。53而姚士粦（叔祥），《見只編》，上，紀蘭谿人童華之言云：

大抵日本所須，皆產自中國，如室必布席，杭之長安織也。婦女須脂粉，扇、漆諸工須金、銀箔，悉武林造也。他如饒之磁器，湖之絲綿，漳之紗絹，松之棉布，尤為彼國所重。54

鄭若曾《籌海圖編》，卷二，〈王官使倭事略〉，「倭好」條則紀輸往日本之貨物及其價格云：

絲：所以為織絹紵之用也。蓋彼國自有成式花樣，朝會宴享，必自織而後用之。中國絹紵，但充裏衣而已。若番舶不通，則無絲可織，每百斤直銀五六十兩，取去者，其價十倍。

絲綿：髠首裸裎，不能耐寒，冬月非此不煖。常因匱乏，每百斤價銀至二百兩。

布：用為常服，無綿花故也。

綿紬：染彼國花樣，作正衣服之用。

錦繡：優人戲劇用之，衣服不用。

紅線：編之以綴盔甲，以束腰腹，以爲刀帶、書帶、畫帶之用。常因匱乏，每百斤價銀七十兩。

水銀：鍍銅器之用，其價十倍中國。常因匱乏，每百斤賣銀三百兩。

針：女工之用。若不通番舶而止通貢道，每一針價銀七分。

鐵鍊：懸茶壺之用。倭俗，客至，飲酒之後啜茶。啜已，即以茶壺懸之，不許著物，極以茶爲重故也。

鐵鍋：彼國雖自有而不大，大者至爲難得，每一鍋價銀一兩。

磁器：擇花樣而用之，香爐以小竹節爲尚，碗、碟以菊花稜爲尚，碗亦以葵花稜爲尚。制若非觚，雖官窯不喜也。

古文錢：倭不自鑄，但用中國古錢而已。每一千文，價銀四兩。若福建私新錢，每千文價銀一兩二錢，惟不用永樂、開元二種。

古名畫：最喜小者，蓋其書房精潔，懸此以爲清雅，然非落款圖書不用。

古名字：書房粘壁之用，廳堂不用也。

古書：五經則重書、禮，而忽易、詩、春秋；四書則重論語、學、庸而惡孟子。重佛經，無道經。若古醫書，每見必買，重醫故也。

藥材：諸味俱有，坐無川芎，常價一百斤價銀六十七兩，此其至難至貴者也。其次則甘草，每百斤二十金以為常。

氈毯

馬皆氈：王家用青，官府用紅。

粉：女人搽面之用。

小食籮：用竹絲所造而漆飾者，然惟古之取，若新造，則雖精巧不取也，小盒子也亦然。

漆器：文几、古盒、硯箱三者，其最尚也，盒子惟用菊花稜，圓者不用。

醋

上舉姚士粦、鄭若曾兩人所紀之倭好可謂相當正確。當時的日本人之喜愛中國絲綿與絲織品事，可由前文所錄楠葉西忍之談話中獲得旁證。紅線、食籮、針、碗、碟、氈、絲、圖書等物，見於策彥周良的購物單中。當時彼邦的飲茶習慣已相當普及，而茶道亦已產生。他們每次聚會飲茶之際，喜用磁器、書、畫佈置房間而以中國產品為尚。抑有進者，足利義滿本身酷愛中國此類文物，影響所及，喜愛中國人所作書、畫、磁器的風氣遂大開。我們雖無從得知哪些作品由哪些人東傳，卻可由義滿生前所蒐藏的作品目錄——《御物御畫目錄》中，窺見當時東傳情形之一端。55又，當時流傳日本的圖書也相當多，而當時彼邦之需要中國各類圖書事，則可由日僧岐陽方秀之向明使一菴一如要求《華嚴清涼國師大疏》等佛書，及八代將軍義政之再三於其表文中公然向明朝奏討事獲得佐證。56至於中國銅錢之輸出彼邦，非僅被當作貨幣使用，而且因此促進其國內貨幣經濟發達，商品廣爲流通。⑰

五、此期貢船的特色

誠如鄭若曾所說，明代對外關係乃「貢船與市舶，一事也」㊻。它只許四夷從事朝貢貿易，不許外國商賈自由來華互市，同時也嚴禁國人往販海外而片板不許下海。此一禁令固於洪武年間已經確立，但如從中華世界帝國方面而言，朝貢貿易乃誇示中華的理念，施恩於四鄰蕃夷，使之臣服。四夷則因貢方物而可獲偌大賞賜物貨，從而滿足經濟欲望。㊾此乃以政治關係爲基礎，政經不分爲原則。

明帝國之能成爲東亞世界的中心，即其本身臻於極盛期之象徵，此乃由於中國之富裕與其生產力能承受這種負擔的關係。而成祖之所以能完成親征漠北，遣鄭和下西洋，出兵西伯利亞，及遠征安南等歷史大事，實其雄厚的經濟力量使然。⑳

朱明之所以能夠厚植其經濟力量，肇因於當時國內的手工業、商業較前代有進一步的發展。明代的國外貿易，尤其是海上貿易，較前擴展得多，而國外貿易的擴展，又回過來刺激國內手工業和商業，使它們更趨發展。結果，促進了資本主義的萌芽。㊾明代海外諸國入貢時，附帶方物，與中國貿易，明廷繼承前代設立市舶提舉司，管理對外貿易。市舶司初設太倉黃渡，後改設寧波、福州、廣州。寧波市舶司專掌對日本的通商，福州市舶司專掌對琉球的通商，廣州市舶司專掌對南洋諸國的通商。明初定制，以市舶附於貢舶，優予貢值，而免市稅。「定朝貢負至番貨，欲與中國貿易者，官抽六分，給價償之，仍免其稅」。⑥⑩中國出海貿易之客商，回船到岸，也必須將「寶物」盡實報官抽分，不得停頓在沿海士商、牙儈家中，違者有罪。後因倭寇擾邊，乃只許琉球、眞臘、暹羅三國入貢，並嚴禁沿海民私自出海貿易。因此種政策有違當時經濟發展之趨勢，自然無法收到預期效果，所以無法根絕國人之對外通商。⑥①迄至永樂年間，對四夷朝貢貿易的禁令已經放寬，對四夷所攜帶的違禁品也從寬處理，俾免失朝廷寬大之意，此可由前舉禮部尙書李志剛與成祖之對話中看出其端倪。後來又因四夷貢使來得更多，乃於浙江、福建、廣東市舶司所在地分別設立驛站，以館穀貢使；其設於寧波者謂之安遠驛，係以方國珍遺屋而爲。⑥②當貢使一行抵達時，他們住宿的房舍均按其職銜、身分來分配。上京前及自京師返抵此地，俱設宴款待，且有職官陪之。就日本而言，從他們抵定海起，至赴北京覲見皇帝，完成一切任務返回該地爲止，明廷不僅供應其一切食宿、交通之所需，尙有衣物、銅錢之賞賜，⑥③所以他們只要將自己的貨物運到中國，便可毫無憂慮的作其一本萬利之買賣了。

不過，此一時期及此後的日本，在東亞通商貿易舞臺上所作活動，對明則與東亞其他各國一樣，係在明的冊封體制下，從事一元的貢船貿易，對朝鮮則以善鄰、平等爲原則，作官方的、多元的交通貿易。故它不似琉球之一方面與日本、朝鮮、東南亞各國站在相同立場，朝貢於明而構成冊封體制之一翼，一方面又承擔、掌握明、日本、朝鮮及東亞之轉口貿易。

室町幕府本身籌辦貢船時，其貢品由諸大名、諸寺院捐獻，不足部分則自己添購。明朝皇帝針對此貢品所爲之賞賜，則無論幕府是否自辦，均歸其所得。⑥④結果，幕府便因此貢船而促使其貨幣流通與達成金融政策具有相當積極性，終因獨佔貿易而能夠控制其全國。同時也因保護特權商人而助長其向心性。⑥⑤抑有進者，由於此種貿易統制，遂給幕府將軍帶來通貨發行權，外交權及統一全國之權。⑥⑥又因透過中國物產的輸入，使幕府不穩定的財政復甦，促進日本國內商品貨幣經濟流通的機會，⑥⑦而明廷本身，在這個時期也尚能從容應付給予四夷以回賜。

然而，足利義滿竟於永樂六年五月六日突然去世。他把五十一年的人生過得多彩多姿，毀譽參半。幕府一向與明關係密切，乃遣堅中圭密告訃。成祖於同年十二月二十一日，遣中官周全齎國書與祭義滿文往弔。成祖在弔詞中謂：

自朕御極以來，忠敬之心愈隆，職貢之禮，有加無替。遵承朝命，斯須不稽；竭力殫心，唯恐不及。殄寇盜於海嶋，安黎庶於邊隅。並海之地，雞犬得寧，烽警不作，皆王之功也。⑥⑧

而不惜給予嘉許，這些話說得非常妥切。因他是如此恭順，所以才賜諡「恭獻」，⑥⑨且以年僅五十一就去世，才嘆息「何告終之奄急」⑦⓪的。

由於義滿獻其所獲倭寇而頗符明之旨意，從而贏得偌大賞賜，乃連年援此例而爲。此與洪武初期以送還被倭所擄華人名義入貢，以求其代價者同出一轍，爲一種變相的奴隸交易。此與當時日本西陲大名交通朝鮮之際，以送還被倭寇所擄男女，來取得糧食及其他物品的情形相似。故此種變相的人口販賣，也是這個時期的日本貢船特色之一了。

六、結語

以上係就明永樂年間日本貢船來華之契機、經過、貿易品，以及此一時期之貿易的特色作簡單的敍述。本文提及當時諸外國與各部族酋長們之如欲與明貿易，就得和明正式建立主從關係，向明皇帝稱臣納貢。在洪武年間，日本雖曾以日本國王懷良，或日本、日本國、嶋津越後守氏久、征夷將軍源義滿等名義來貢十三次，卻因種種理由，始終未被納入明的冊封體制之中。直至惠帝建文年間，室町幕府第三任將軍足利義滿統一其南北兩朝，使其國家復歸統一，且又先後經明德之亂與應永之亂，而終於獲得海權，使他掌握了對外貿易之機運。因此，當九州商賈肥富向他建議與明貿易時，便決定從事本少利厚之此項買賣，於建文三年遣使來華，步上對明朝貢之軌道，使日本成爲中華世界帝國之一員，在通商貿易方面，受到以朝貢、回賜關係爲基準之形態的限制。兩年後的永樂元年，義滿被成祖冊封爲日本國王，獲賜誥命、日本國王金印、冕服及永樂勘合。而義滿本身也從而自稱「日本國王臣源」，對明朝極盡其身爲屬國之王的禮節。結果，日本竟因而獲得偌大利益，且促使其貨幣流通，與達成金融政策具有相當積極性，終因獨佔貿易而能夠控制其全國，同時也因保護特權商人而助長其向心性，給幕府帶來通貨發行權，外交權及統一全國之權。又因透過進口中國產品，使當時不穩定的幕府財政復甦，而使幕府聲勢臻於顚峯。明朝則賴當時國力富足，國內手工業與商業之發達，故雖對諸外國之來貢須予以豐厚之回賜，在這個時期也尚能從容應付它們。但後來財政每下愈況，爲節省開支而對四夷來華的限制也越來越嚴。

得在此一提的，就是明廷的對外貿易，無論朝貢貿易或鄭和下西洋時的對外貿易，均非當時國外貿易的主流。因爲朝貢貿易制度，是虧本生意，所以明廷方纔對四夷之來貢要加以貢期、船數、人員之限制。明廷明知此種貿易會虧本而又要實施，實因此種制度與倭寇問題有密切的關聯。

當時明廷所頒發的勘合，既非貿易許可證，亦非專供貿易船使用之證明，而正如生活在勘合時代，並參與過室町幕府對明外交活動的高僧瑞溪周鳳所言：

所謂勘合者，蓋符信也，此永樂以後之式爾。九州海濱以賊爲業者，五船十船，號日本使，而入大明剽掠瀕海郡縣。是以不持日本書及勘合者，則堅防不入。此惟彼方防賊，此方禁賊之計也。⑰

因此，當時的勘合只是一種身分證明，以便和寇船有所區別。⑫

永樂年間的中、日兩國使船之往來，中國方面是基於政治方面的需要，日本在基本上也是從政治目的出發，貿易只是作爲特定歷史條件下的副產品，故由日方送來的倭寇與被擄中國人在當時也就成爲變相的貿易品了。義滿死後，雖有過十幾年時間兩國往來中斷，然在宣德以後，日本貢船的來華，其目的卻唯貿易之利是圖，所以往往違反明朝規定，一味要求增加朝貢次數、船數與人數，逐漸露出其純粹經濟需求之面目。因此，不但不像永樂年間之常逮捕倭寇呈獻，反而在往返北京途次屢有暴行，如：弘治九年（明應五年，一四九六）來貢的堯夫壽蓂一行在濟寧引起的濟寧事件；⑬嘉靖二年（大永三年，一五二三），大內、細川二氏使節在寧波爲來貢先後問題而引起的寧波事件；⑭及其貢使在沿途干犯明朝法禁私販私鹽⑮等事，均使明朝傷透腦筋。結果，明朝長期想透過政府間交涉解決倭寇問題的希望不但無法達到，倭寇的肆虐反而愈演愈烈。所以宣德以後的日本貢舶之來華，政治意義與對國際上顧慮的成分消逝，其統治階級只一味追求貿易之利益而鑽營通貢貿易。⑯迄至十六世紀，則其來華的貢舶幾乎完全失去作爲冊封體制之一環的朝貢、回賜之貿易意義。至此，體制與貿易乖離，既無法禁戢倭寇問題，也無法透過日本國王，將日本約束於華夷秩序之中，故明廷對中日貿易所期待的，就甚麼也沒有了。⑰

〔註釋〕

①：參看鄭樑生，〈明朝海禁與日本的關係〉，收錄於《漢學研究》，一卷一期（臺北，漢學研究中心，民國七十二年六月），或《明代中日關係研究》（臺北，文史哲出版社，民國七十四年三月）頁二〇～六四；《明・日關係史の研究》（東京，雄山閣，昭和六十年一月），頁一七～五八。

②：參看王忬，《御史大夫思質王公奏議》（明隆慶刊本），卷一，〈奏處海防事宜仰祈速賜施行疏〉。此疏並見於《明經世文編》（明崇禎刊本），卷二八三，《王司馬奏議》，卷一。《明史》（臺北，臺灣商務印書館，百衲本），卷二〇五，〈朱紈傳〉。

③：張維華，《明代海外貿易簡論》（上海，三聯書店，一九五六年二月），頁二〇。

④：《明太祖實錄》（本文參考、引用之《明實錄》爲臺北，中央研究院歷史語言研究所刊行之影印本），卷一五三，洪武十六年四月甲戌朔乙未條。明，不著編人，《皇明外夷朝貢考》（舊鈔本），卷下，〈事例〉條。

⑤：同前註。

⑥：《明會典》（明內府朱絲闌鈔本），卷一〇五，〈禮部〉，六十三，「主客清吏司・朝貢」，一。

⑦：請參看鄭樑生，《明史日本傳正補》（臺北，文史哲出版社，民國七十年十二月），頁一四八～二二六，及《明代中日關係研究》，頁二〇三～二一三。

⑧：《皇明祖訓》。太祖列日本爲十五個不征國之一的經緯，請參看石原道博：〈日明交渉の開始と不征國日本の成立——明代の日本觀〉（《茨城大學文理學部紀要》，人文科學，四），及〈日明通交貿易をめぐる日本觀〉（同上，五）、〈皇明祖訓の成立〉（《清水博士追悼紀念明代史論叢》，東京，大安書店，一九六二）；中村榮孝，〈明太祖家法に見える侵略戰爭抑制の規定——祖訓錄と皇明祖訓の對外關係條文——〉（《朝鮮學報》，四十八輯），〈明太祖の祖訓に見える對外關係條文〉（《日鮮關係史の研究》，中，東京，吉川弘文館，昭和四十四年八月）；佐久間重男，〈明初の日中關係をめぐる二三の問題——洪武帝の對外政策を中心として〉（《北海道大學人文科學論集》，四）等論文。

⑨：瑞溪周鳳，《善鄰國寶記》（續群書類從本），應永八年〈遺明表〉。

⑩：《明太祖實錄》，卷九〇，洪武七年六月乙未朔條；同書卷一三三，洪武十三年九月戊子朔甲午條。

⑪：《明史》，卷三二二，〈日本傳〉。

⑫：天龍寺船乃室町幕府爲籌措營造京都天龍寺經費，於元至元二年（一三四三），仿其前代建長寺船之例派遣來華的。誠如三浦周行在其〈天龍寺船に關する研究〉（《史學雜誌》，二十五編一號）一文中所說，此次派遣中國的船隻雖獲幕府之同意與保護，但就如當時包商至本所作保證似的，當船隻回到日本時，不論其買賣之盈虧，都要繳五千貫給該寺，是其特色。請參看岡部精一，〈天龍寺船の由來〉（《歷史地理》，五卷七號）；晉水生，〈天龍寺船の由來〉（同上）。

⑬：明德之亂，一三九一年，山名氏清、山名滿幸等人所引發的叛亂。山名氏在日本南北朝時代（一三三六～一三九二），於時氏（一三〇三～一三七一）時，其族人一共擁有十一「國」的守護（職稱）職位，故有六分一先生之令譽而其聲勢有如日中天。惟室町幕府第三任將軍足利義滿對此心懷疑惧，乃於時氏死後，利用該族時熙、氏幸等人之內鬨，挑撥氏清等人。當氏清舉兵時，義滿即命細川、畠山、大內氏等予以討伐。結果，氏清在京都內野的戰鬪中陣亡，滿幸則逃至出雲，於一三九四年受到征剿，而山名氏遂頓失其勢，幕府權力則暫獲安定。

⑭：應永之亂，一三九九年，大內義弘反叛室町幕府的戰亂。義弘身兼周防（出口縣）、長門（同上）、石見（島根縣）、豐前（福岡、大分縣）、和泉（大阪府）、紀伊（和歌山、三重縣）六「國」守護，且從事對明貿易而貯積財富，遂成爲當時勢力最強大的諸侯，致爲幕府將軍足利義滿所仇視。因此，義弘遂與義滿在鎌倉的同宗足利滿兼及其他武將結合、叛亂，卻敗亡。此乃與明德之亂同爲義滿壓抑大守護的政策之一，自此以後，幕府的權勢、威望提高。

⑮：請參看田中健夫，《中世對外關係史》（東京，東京大學出版會，一九七五年四月），頁六三～六四。佐藤進一在其〈室町幕府論〉（岩波講座《日本歷史》，七，中世，三，東京，岩波書店，一九六三年五月）言足利義滿將九州納入自己手中之事云：「任何人都知道九州之統一與對外問題關係密切。日本如不接受明廷所提正式服屬於明的條件，則無論足利義滿也好，島津、今川、大內也好，均無法實現他們所渴望的對明貿易。其有資格接受此一條件的，只有接收北朝王權的義滿。義滿則因接受此條件，而可以同時實施對明貿易與統制九州。其禁戢倭寇工作，也因今川了俊追趕南朝軍隊，與懷柔海盜使之歸服而成效益彰。在這個階段裏，義滿乃改變外交方針，決心屈從於明。亦即他爲準備此項工作，就發佈將在九州的了俊調回京都。我以爲義滿與明建交的步驟如此。」而道出義滿對明朝貢的既定方針。

⑯：佐久間重男，前舉〈明初の日中關係をめぐる二三の問題——洪武帝の對外政策を中心として〉。

⑰：《明太宗實錄》，卷一二，洪武三十五年九月辛巳朔丁亥條。

⑱：瑞溪周鳳，《善鄰國寶記》，應永八年〈遣明表〉。

⑲：《明史》，卷三二二，〈日本傳〉云：「（太祖）念其俗佞佛，可以西方教誘之也，乃命僧祖闡、克勤等八人，送（日本）使者（祖來）還國」。明，嚴從簡，《殊域周咨錄》（明萬曆初年原刊本），卷二，〈東夷〉「日本國」條所錄南京天界寺僧季譚宗泐，〈送祖闡、克勤二師使日本〉詩則云：「惟彼日本王，獨遣沙門至。寶刀與名馬，用致臣服意。天子鑒其衷，復命重乃事。由彼尙佛乘，亦以僧爲使」。可證。此詩並見於伊藤松，《鄰交徵書》（日本天保戊戌〈一八三八〉序刊本），初篇，卷二，〈詩文部〉，「明」。在此所

學者爲其中之一段。

⑳：《吉田家日次記》，（東京，東京大學，史料編纂所藏本），應永九年七月四日條。

㉑：《足利家官位記》，應永九年八月三日條；尋尊和尚，《大乘院寺社雜事記》，同年月日條。

㉒：《吉田家日次記》，應永十年二月十九日條。

㉓：《足利家官位記》，應永九年九月五日條。

㉔：瑞溪周鳳，《善鄰國寶記》，應永十年〈遣明表〉。

㉕：《明太宗實錄》，卷二三，永樂元年九月丙子朔己亥條。

㉖：《蔭涼軒日錄》（京都，史籍刊行會，一九五四年七月），寬正六年六月十三日條。

㉗：滿濟：《滿濟准后日記》（東京，國書刊行會影印本），永享六年六月三日條。

㉘：抨擊足利義滿之外交爲辱沒國格的日本代表性學者爲辻善之助與西村眞次。收錄此種論調之著作，前者爲增訂《海外交通史話》（東京，內外書籍株式會社，昭和五年五月），頁三〇〇～三一一；後者爲《日本海外發展史》（東京堂，昭和十七年），第三章第三節。

㉙：《明史》，卷三二二，〈日本傳〉。

㉚：山科教言，《教言卿記》（東京，東京大學，史料編纂所藏本），應永十六年七月五日條。

㉛：《明太宗實錄》，卷一〇三，永樂八年四月丁酉朔甲辰條；《明史》，卷三二二，〈日本傳〉。

㉜：鄭舜功，《日本一鑑》（上海，商務印書館，舊鈔本影印本，民國二十八年），〈窮河話海〉，卷七，「封

貢」條。

㉝：《如是院年代記》。

㉞：小葉田淳，《中世日支通交貿易史の研究》（東京，刀江書院，昭和四十四年一月，再版），頁三八八。

㉟：《明太宗實錄》，卷四八，永樂三年十一月癸巳朔辛丑條；同書卷五〇，永樂四年正月壬辰朔乙酉條。瑞溪周鳳，《善鄰國寶記》，〈大明書別幅并勘合〉。

㊱：《明太宗實錄》，卷六七，永樂五年五月甲寅朔乙卯條。

㊲：《明太宗實錄》，卷六七，永樂五年五月甲寅朔己卯條。瑞溪周鳳，《善鄰國寶記》，應永十五年〈大明書〉。

㊳：《明太宗實錄》，卷八六，永樂六年十二月甲戌朔戊子條。

㊴：《明太宗實錄》，卷二三，永樂元年九月丙子朔己亥條。

㊵：同前註。

㊶：同前註。

㊷：同前註。

㊸：我國言日本刀者，始自歐陽修，他的〈日本刀歌〉，是同時把日本與日本刀介紹給國人的作品。明人唐順之也詠〈日本刀〉，而與順之同年又係同志的念菴先生羅洪先，則有〈傳山人倭劍歌〉。又，明人王穉登亦有〈日本刀歌〉，可見當時的日本刀曾引起國人很大的注意。

㊹：《明英宗實錄》，卷二三六，景泰四年十二月癸未朔甲申條。

㊺：木宮泰彥，《日支交涉史》（東京，金刺芳流堂，昭和二年），下冊；及《日華文化交流史》（東京，富山房，昭和四十年五月，再版），頁五九一。

㊻：陳文石，《明洪武嘉靖間的海禁政策》（臺北，臺灣大學文學院，民國五十五年八月），頁六〇。

㊼：《明英宗實錄》，卷二三六，景泰四年十二月癸未朔甲申條。明廷減少給價的措施，並非針對日本一國，其對南洋諸國的情形亦復如此。

㊽：請參看前舉鄭樑生，《明代中日關係研究》，頁二四五～二五〇。

㊾：請參看湯綱、南炳文，《明史》，上冊（上海，新華書店，一九八五年十月），頁五二三。

㊿：《禮部志稿》，卷三四，〈會同館〉條。

51：正德重修《弘治明會典》，卷一一二，有關交通朝貢夷人禁令中，會同館私人貿易的款項。

52：尋尊和尚，《大乘院寺社雜事記》，永正五年五月四日條。

53：請參看前舉鄭樑生，《明史日本傳正補》，頁二八八～二九一，及《明代中日關係研究》，頁二五六～二五九。

54：請參看佐久間重男，〈明代海外私貿易の歷史的背景——福建省を中心として〉（《史學雜誌》，六十二編一號）、〈中國の或る貿易商〉（《歷史家》，創刊號）。

55：請參看鄭樑生，《元明時代東傳日本的水墨畫》（臺北，文史哲出版社，民國七十五年六月）。

56：岐陽方秀，《不二遺稿》，卷下，〈書簡〉，「與一菴和尚書」。瑞溪周鳳，《善鄰國寶記》，寬文五年、文明七、十五年〈遣明表〉。請參看鄭樑生，《元明時代東傳日本的文獻》（臺北，文史哲出版社，民國七十三年），及〈宋元時代東傳日本的醫學與醫書〉（《中央圖書館館刊》，新十九卷一期，民國七十五年六月。已收錄於鄭著，《中日關係史研究論集》，二，臺北，文史哲出版社，民國八十一年一月），及〈宋元時代東傳日本的大藏經〉（同上，新二十卷二期，民國七十六年十二月。已收錄於鄭著，《中日關係史研究論集》，二）。

(57)：請參看《北條五代記》（續群書類從本），卷二所紀永樂通寶在日本流通之情形。

(58)：鄭若曾，《籌海圖編》（明天啓四年新安胡氏重刊本），卷一二，〈經略〉，「開互市」條。

(59)：片山誠二郎，〈明帝國と日本〉（收錄於《ゆらぐ中華帝國》。東京，講談社，昭和四十九年），頁二〇四。

(60)：愛宕松男、寺田隆信，《元・明》（東京，講談社，《中國の歷史》，六，昭和四十九年），頁二九一～二九二。

(61)：童書業，《中國手工業商業發展史》（濟南，齊魯書社，一九八一年十一月），頁二六四。

(62)：《續通考》，卷二六。

(63)：童書業，前舉書頁二六五。

(64)：《嘉靖寧波府志》，卷八，〈公署條〉。鄭舜功，《日本一鑑》，〈窮河話海〉，卷七，「使館」條。策彥周良，《初渡集》（續群書類從本），嘉靖十八年五月二十七、二十九日條。

(65)：請參看前舉鄭樑生，《明代中日關係研究》，頁八九～一三七。

(66)：《蔭涼軒日錄》，文明十九年五月十九日條。該書同年同月十八日條紀寺院辦置貢品事云：「本月十六日，奉命查詢以東洋允澎爲正使時，呈獻大明之貢品，及赴華時機，故於今日使悰子往問。天源院肅源東堂答曰：唐船十艘、嶋津雖獲勘合，但辭而不往，故只九艘赴華，其中三艘爲天龍寺所有。貢品由寺家辦置，大明之回賜皆爲公物，其餘寺家所有」。其餘指抽分錢。

(67)：脇田晴子，〈室町期の經濟發展〉（收錄於岩波講座《日本歷史》，七。東京，岩波書店，一九七六年四月）。

(68)：佐藤進一，〈室町幕府論〉（收錄於岩波講座《日本歷史》，七。東京，岩波書店，一九六三年五月）。

(69)：佐佐木銀彌，〈東アジア貿易圈の形成と國際認識〉（收錄於岩波講座《日本歷史》，七。東京，岩波書店，一九七六年四月）。

(70)：瑞溪周鳳，《善鄰國寶記》，應永十一年〈大明書〉。

(71)：瑞溪周鳳，《善鄰國寶記》，應永十四年〈大明書〉。

(72)：瑞溪周鳳，《善鄰國寶記》，應永十五年〈大明書〉。

(73)：瑞溪周鳳，《善鄰國寶記》，〈文明二年龍集庚寅臘月二十三日臥雲八十翁瑞溪周鳳予善鄰國寶記後〉。

(74)：馮興盛，〈試論勘合制度的實質——兼論倭寇問題〉（收錄於《日本史論文集》，一九八五年）。

(75)：鄭若曾，《籌海圖編》，卷二，〈倭奴朝貢事略〉云：「（弘治八年）五月，差使壽蓂入貢方物赴京，沿途生事。至濟寧，強買貨物。彼此殺傷，罪及解官府。照磨童釗，指揮魏政，提舉王昭，俱降調；通事林春充軍。次年使歸，司府失於檢點，致鄞人朱縞塡欠貨物而去」。參看《明孝宗實錄》，卷二六，弘治九年八月乙亥朔庚辰條。

(76)：請參看前舉鄭樑生，《明代中日關係研究》，頁三三四～三四七，及夏言，《桂州奏議》，卷二，〈請勘處倭寇事情疏〉。

(77)：《明憲宗實錄》，卷二二〇，成化十七年十月壬寅朔癸卯條紀有海外諸夷貢使於往返京師途次干犯明朝禁令販賣私鹽事。《蔭涼軒日錄》，長享二年九月十三日條則紀日本貢使從事此一不法勾當云：「距北京一日路程之張家灣一帶乃產鹽地方，南京不易買到鹽，故日本人多從張家灣販至南京出售。大唐嚴私人賣鹽，因鹽乃天下之公事，后妃之梳妝費也」。

(78)：佐佐木銀彌，註(69)論文。

(79)：同前。有關日本對華貿易的演變情形，請參看津田昇，《日本貿易の史的考察——古代から現代まで》（東京，外國爲替貿易研究會，昭和四十五年）；森克己，〈大陸貿易の消長〉（收錄於《日本史概說》，東京，吉川弘文館，一九六二年，改訂版）。

嚴嵩與靖倭之役

一、前言

明武宗正德十二年（一五一七）夏季，由佛郎機人斐腦・安拉德（Fernao Perez de Andrade）所率船隊八艘，以「貢方物」名義駛至廣州懷遠驛，但爲中國海防部隊所逐，五年後的世宗嘉靖元年（一五二二），該國船隊復至屯門，亦爲中國巡邏船所阻擊。佛郎機人在廣東既未得逞，除留部分人員在澳門西南之浪白澳外，餘皆轉向閩、浙沿海一帶活動。於是漳州月港、泉州浯嶼、寧波雙嶼成爲他們走私貿易的地區。非僅如此，更在雙嶼營建據點，設立行政機構，企圖永久佔據。他們一面從事走私，一面公然搶刼，更與倭寇、海盜相勾結，掠賣人口，禍及平民。①

在另一方面，日本大內氏所遣貢使宗設謙道一行，於嘉靖二年四月來貢。越數日，細川氏所遣鸞岡瑞佐、宋素卿一行抵華。當時市舶司太監賴恩受素卿重賄，先盤驗後至之素卿一行貨物，將先至的宗設等人之貨物後驗。筵宴時，賴恩又使素卿居上座，並使之住宿於市舶司，宗設一行則居境清寺而待遇有偏頗，遂至兩造貢使相互仇殺，毒流廛市。宗設黨徒追逐素卿，直抵紹興城下。不及，而還至寧波，脅寧波衛指揮袁璡，奪舟越關而逃。備倭都指揮劉錦追賊，戰歿於海，定海衛掌印指揮李震，與知縣鄭餘慶同心濟變，一日數警，而城得以無患。此一事變，謂之寧波事件。②

佛郎機人之東來肆虐，及日本貢使引發寧波事件以後，明廷雖未閉關絕貢，但對佛郎機人之要求通貢互市仍予拒絕，對日本則要求其擒獻元兇宗設，送回指揮袁璡及所掠人口，繳還舊有勘合，遵守一切約束始可復貢。惟日本卻請歸還宋素卿，及賜金印與嘉靖新勘合。故於嘉靖十八年（一五三九）大內氏經辦之貢船來華時除作此一要求外，並請歸還宗設舊貨。③十八年當時的禮部尚書爲嚴嵩，他對日本之要求頒賜嘉靖新勘合問題，曾與徐階等人主張堅持中朝立場，欲俟其繳還弘治、正德舊勘合後方給予新的。

明廷自佛郎機人之騷擾東南沿海地方，及寧波事件以後，於嘉靖四年二月、四年八月、八年十二月重申海禁令而海禁趨嚴。海禁趨嚴後，私販轉爲猖獗，東南沿海所在通番，而以閩、浙爲甚。凡番貨至，輒賒與奸商。久之，奸商欺冒，不肯付貨款。番人泊近島，遣人坐索，仍無法獲得。番人乏食，遂出沒海上爲盜。久之，百餘艘盤踞海洋，每日侵掠我海隅，不肯離去。小民好亂者相率入海從倭，爲倭奸細，爲之嚮導。在此情形下，巡按御史楊九德乃疏請置大臣，兼制浙江、福建。結果，乃以朱紈爲都御史，巡撫浙江，兼領福州、興化、漳州、泉州。紈任勞任怨，嚴禁閩、浙諸通番勾引主藏者，並革渡船，嚴保甲，更將通番的勢豪之家之名上聞於朝廷。因此，一時通番稍息。而貴官、勢豪之家之因此感覺不便者遂大譁，而詆誣惑亂視聽。出身閩地的御史周亮，給事中葉鏜，更將紈奏改爲巡視，以削其權。旋紈失位，仰藥而亡。④

紈死後，非僅罷巡視大臣而不復設，紈所加強之海防設施竟爲海道副使丁湛所散遣而撤備弛禁。未幾，海寇大作，渠魁王直、徐海、陳東、麻葉等悉逸海島爲主謀。倭人聽他們指揮，而他們即誘之入寇。海中巨盜遂襲倭人服飾、旂號，並分艘寇掠內地而無不獲大利，故倭患日劇。於是廷議復設巡視。三十一年七月，使僉都御史王忬擔任此職，負責剿倭，而其勢已無法撲滅。因忬剿倭之功不彰，故於三十三年六月改撫大同，⑤以李天寵代其職，又命南京兵部尚書張經總督軍務，專辦討倭工作。經大徵四方之兵，俾使協力進剿。明年正月，賊犯乍浦、海寧，陷崇德，掠塘棲、新市、橫塘、雙林等處，攻德清縣。五月，復合新到之倭突犯嘉興，至王江涇乃爲經擊斬千九百餘級，餘賊逃往柘林。⑥

當經徵調各地之兵，擬候其齊集以後一舉消滅倭寇之際，世宗聽從嚴嵩之言，派遣工部右侍郎趙文華赴江南祭告海神，並督察軍情。惟文華至江南後，非僅無補於剿倭工作，反而顛倒功罪，致諸軍益解體。並且經、天寵在王江涇之役雖建奇功，竟因文華之搆陷而被逮，械繫至京，論死。由周琉、胡宗憲分別繼其職。踰月，琉被罷，代以楊宜。三十五年二月，罷宜，代以宗憲、阮鶚。文華除陷害經、天寵外，亦曾先後論罷琉、宜，更因忌恨應天巡撫曹邦輔在陶宅剿倭之功而予以誣陷。文華之所以肆行無忌，乃由於恃嚴嵩爲其內援，而世宗之殺經與天寵，嵩皆有力焉。⑦

有關嵩處置日本貢使及他與文華陷害剿倭將領之資料雖然有限，但筆者卻不揣淺漏，擬藉此以探究嘉靖三十年代倭寇所以猖獗的原因，及當時海氛之所以日劇，除奸民之肆無忌憚的干犯海禁外，尙有朝中大臣以莫須有之罪名搆陷勦倭之督撫，致軍心益解體之眞相的一端。

二、對勘合問題的處置

寧波事件爆發之際，細川高國所遣使節鸞岡瑞佐爲大內義隆所遣宗設謙道所殺，宋素卿則竄往慈谿，宗設遂縱火大掠。殺指揮劉錦，擄寧波衛指揮袁璡，蹂躪寧波、紹興之間，然後奪舟出海逃逸。那麼，宋素卿對此一事件的說法如何？如據他被捕後巡按御史歐球之奏言則：

> 次日，將宋素卿等移入府城會審。據各稱：「西海路多羅氏義興者原係日本國所轄，向無進貢。我等朝獻，必由西海道經過。彼將正德年間勘合奪去，今本國只得將弘治年間勘合，由南海路起程。至寧波，因我說出，怪恨被殺」。⑧

在此所謂正德年間勘合，係指大內氏所遣貢使了菴桂悟於正德七年（一五一二）來貢時獲賜之正德勘合，在返抵日域後，該氏強要自行保管而並未提交室町幕府之事而言。但素卿所述理由之未必正確，只要徵諸日方資料所記載細川、大內兩氏之爲籌辦貢船而彼此鬥爭之情形即可明瞭。因此，上舉歐珠之奏言，應爲宋素卿欲使自己立場正當合理的分辯之辭，至於所謂西海道，係指經由現今瀨戶內海至九州五島列島之航路；南海路則係指經由四國南部海洋至五島列島，然後航行至舟山群島之定海的航路而言。

當明朝當局面臨此一事件時，究竟該對宗設及地方官採取甚麼措施呢？給事中夏言的意見是：

會同鎭守太監梁瑤議得：遠夷入貢，理應柔待，今宗設等因怪素卿訐其詐僞，遂行雙殺。若終待以常禮，許其入貢，不加譴責，不以威示，則犬羊腥，愈肆縱橫，終無悔禍之期。⑨

因此，他除建議除再加撫處，及撥官軍防禦外，復乞勅該部會官詳議。⑩且言：

切責巡視守巡等官，先是（事）不能預防，臨事不能擒斬，姑奪俸。會鎭巡官即督所屬調兵追撫，并核失事情罪以聞。其入貢當否事，宜下禮部議報。⑪

由此看來，凡牽涉此一事件的官員都受「姑奪俸」的處分。至於日本入貢之當否，則俟禮部議報。禮部覆議結果認爲：

日本夷人宋素卿來朝，勘合乃孝廟時所降，其武廟時勘合稱爲宗設奪去，恐其言未可信，不宜容其入朝，但二夷相殺，釁起宗設，而宋素卿之黨被殺（甚）衆。雖素卿以華從夷，事在幼年，而長知効順，已蒙武宗宥免，毋容再問。惟會鎭巡等官省諭宋素卿，回國移咨國王，會其查明勘合，自行究治，等當貢之年奏請議處。⑫

爲要彈劾素卿的姦僞與浙江職官之怠慢，不公，河南道御史熊蘭，與禮部都給事中張翀首先提出對此一事件的強硬措施。熊蘭奏謂：

宋素卿原本華人，叛入夷狄。先年差來進貢，已經敗露。時則逆瑾當權，陰納黃金之賄，遂逃赤族之誅。國法未行，人心未厭。今乃違例入貢，大起釁端，跡其罪惡，雖死猶不足以容之也。⑬

熊氏所言「違例入貢」，係指其違返明廷「船不過三」之規定。張翀亦奏謂：

乃今二起夷虜相繼到來，既曰譯得宗設等船隻、人口數目差異，又稱譯得宋素卿等（弘治）勘合，係應銷繳而未銷繳之數。遞相訕詆，至於數日。則是各官已稔知其隙，情態矛盾，法應預防。況在彼無兩貢之例，在此無兩是之理，眞贗不分。……若更許其通貢，則利彼尺寸之微，損我丘山之重。其于聖祖垂訓之意，不無背馳。尤望皇上震赫斯怒，絕約閉關，永斷其朝貢之途。⑭

於是世宗乃命繫素卿於獄，待報論決。仍令鎭巡等官詳鞫各夷情僞以聞。⑮素卿旋被移送杭州之有司，以謀反下海罪鞫問，且被繫於浙江按察司獄，⑯經久未誅決而瘐死獄中。

寧波事件發生以後不久，明廷曾令來華之琉球使臣鄭繩傳諭日本擒獻肇事元兇宗設謙道，及送還被擄寧波衛指揮袁璡與海濱被掠之人，否則閉關絕貢，徐議征討。⑰鄭繩來貢，乃嘉靖四年（一五二五）三月之事，⑱而世宗之於其歸國之際使其齎勅轉諭日本，⑲明朝當局是以宗設爲元兇而殆無疑慮。鄭繩東返以後約經兩年的嘉靖六年六月末至七月初，琉球僧侶智仙鶴翁自其本國抵日，向室町幕府傳達世宗書。同年七月，幕府將軍足利義晴函謝琉球國王尙眞調停中日兩國間之關係。⑳因世宗勅書表示：以擒獻元兇宗設等，及歸還指揮袁璡，來解決中日兩國間之問題，故日方以爲和解已經成立，而在足利義晴的〈表文〉中言：「自琉球國遠傳勅書，寬宥之敦，不忘側陋」，其〈別幅〉則言：

近年吾國遣僧瑞佐西堂、宋素卿等齊（齎）弘治勘合而進貢。又聞西人宗設等，竊持正德勘合，號進貢船。蓋了龍梧（了菴桂悟）西堂東歸之時，弊邑多虞，干戈梗路，以故正德勘合不達東都。吾即用弘治勘合，謹修職貢，未丁怠也。如勅諭旨，宗設等爲僞，不言可知矣。大內多多良氏義興幕下臣神代源太郎爲其元惡，故就誅戮彼所。虜而來大邦之人，前年既發船以還之，中流遇風，船不克進，尚滯西鄙，近日當還焉。大邦所留妙賀、素卿，其餘生而存者，不論多少，以仁見恕，幸甚！幸甚！然則先令妙賀等到琉球而可歸吾國。前代所賜金印，頃因兵亂，失其所在，故用花判而爲信，琉球僧所知也，伏希尊察。妙賀、素卿歸國之時，賜新勘合并金印，則永以爲寶。聖德及遠，不可諼焉。吾當方物件件，隨例進貢。妙賀輩而兩三人，命管領道永以遣書矣！㉑

此乃室町幕府致禮部〈咨〉，日期爲「嘉靖六年丁亥秋捌月日」，署「日本國王源　義晴咨」。據此以觀，室町幕府係以鸞岡瑞佐、宋素卿爲正使，弘治勘合爲正，宗設謙道及其所持正德勘合爲僞。此當係細川氏藉足利義晴書作有利於自己之解釋。㉒所以日方非但無承擔此一事件的責任之意，反而作有利其立場之辯護，以貪圖貿易之利。因此，在嘉靖十八年（一五三九）大內氏經辦之貢船來華時，除再次請求歸還宋素卿，及賜金印與嘉靖新勘合外，並請歸還宗設舊貨。㉓

日本此次派遣之正使爲湖心碩鼎，副使策彥周良。由於他們之來係在上述寧波事件之後，故雖事隔十六年，明廷卻懲於寧波之案，對日本貢使之來頗爲警戒，絲毫不敢有所怠忽，深恐再度發生意外。並且對日本的貢期、船數、人員之多寡也特別留意而不肯通融。明廷所採與此類似的措施，早在景泰四年（一四五三），以東洋允澎爲正使，率船九艘，人員一千二百來貢以後即已開始，而限制其十年一貢，船不過三，人不踰百。㉔而他們竟於嘉靖二年惹起偌大事件，明廷對其來貢當然特別留意，就連世宗也說：

夷性多譎，不可輕信。所在巡按御史督同三司官嚴加譯審，果係效順，如例起送。仍嚴禁所在居民無私與交通，以滋禍亂。㉕

由此當可推知明廷對日本此次來貢的態度之端倪。

碩鼎一行的進京雖在十九年三月上旬，惟在二月時明廷所表示之態度是：

初，日本自嘉靖二年用宋素卿、宗設等事絕其朝貢，至是復請通貢。因乞給賜嘉靖新勘合及歸素卿等并原留貨物，言官論其不可。上命禮部會兵、刑二部，都察院僉議以聞。㉖

有關禮部覆議的情形，當時的禮部尚書嚴嵩曰：

該禮科都給事中丁湛等題稱：「該禮部題爲進貢事，奉聖旨：『這夷情譎詐，先年勘合，未經進繳，應否置立再給，還備查舊例詳議來說』。臣等切惟日本自近年宗設之亂，致擾一方，已奉欽依不許通貢矣。今次復遣使臣，卑詞效順，皇上天度恢宏，不咎既往，特賜來廷。至其所請數事，率非可從。勘合一事，必繳舊給新，交相受授，庶幾有所憑執，而不至爲僞托者所罔。今乃先年勘合未經進繳，而遽欲重復頒給，萬一爲其所罔，則將何以處之」？㉗

而認爲應根據《大明會典》，卷一〇八，〈禮部・朝貢〉條之規定，在其未繳回弘治、正德兩勘合之前，不可給予新勘合。其所持理由，除此一要求不符明朝「每改元則更造換給」之規定外，也基於下述原因。嵩在說明拒絕碩鼎要求之前，言其所以在寧波事件以後准其入貢之理由曰：

> 皇上嘉靖二年，因使臣宋素卿等逞兇構（搆）亂，干犯天紀，奉有明旨，不許通貢者一十七年，此我皇上絕之之心，即太祖之心也，《春秋》懲其不恪之義也。昨歲據浙江鎮巡等官、監察御史傅鳳翔等合詞奏稱：「該國遣使臣碩鼎等航海遠來，卑詞納款，別無他故。乞照例起送，以通外夷納款之情，亦免邊海軍民警擾之患」。該禮部議擬：「合無行令浙江各該衙門再加譯審，果無別故，方許起送。惟復遵照前旨阻回等因，具題節奉欽依，准照例進貢」。㉘

嵩所採此一措施，不僅爲世宗容之之心，亦爲成祖及明朝歷代皇帝容許外夷入貢之心，更是《春秋》嘉其通貢之義。㉙但

> 夷性譎詐不常，既稱納款，郄（却）又欲發還留在貨物，及罪犯宋素卿等，妄意乞求，罔知國法。已經禮部題覆，宋素卿等奉有明旨監候處決，貨物係沒官之物，俱難再議，率未准從矣。㉚

亦即宋素卿已因干犯國法而由世宗下令監候處決，貨物則已由官方沒收而礙難准其所請。如前文所說，素卿在寧波事件後不久的嘉靖四年瘐死獄中，而碩鼎此次前來竟要求將其釋放歸國，則日本方面根本不知素卿早已亡故。嚴嵩復認爲：禮部給事中之所以復論奏寧波事件，無非欲修明法制，以折其將來求請之意。至於請給嘉靖新勘合事，亦

經禮部題奉欽依，准令下次該貢之年，將弘治、正德勘合進繳，方與改給嘉靖勘合，所以防其僞罔，似難再議外，爲照禮部主客一司專職四夷進貢，但係祖宗以來例該入貢之國，赴京有常期，夷使有常數，進獻有常物，宴賞有常格，一應事宜俱照常題請舉行。㉛

亦即除金印、勘合外，其他各項待遇均按規定給予應得之賞賜。惟日本貢使雖仰遵明旨已容其入貢，雖其所請三事委涉非分，但已經禮部面詰碩鼎等以義裁之，而彼等亦已帖然而畏服，㉜所以嵩認爲：

茲復議絕之，似出無名。且王者之馭四夷，有不庭也則征之，今來貢也絕之，恐無以感與四夷嚮服之情。所據外夷進貢，關係甚大，應否禁絕，臣等擅難輕議。但往後入貢事宜，要當預爲之處。合無禮部查照《大明會典》，及「嘉靖六年題准事例」，移咨該國，務要遵制十年一貢，夷使不過百名，貢船不過三隻，勿得指貢多帶兵器，別起事端。如貢不及期，人、船過額，及文移詞語不順，使臣不恭，求討非禮等項，聽浙江巡按御史徑自奏請阻回，不許起送，則法制允釐，恩威並著。既不拒其來王之誠，而亦過其非禮之望矣。㉝

而言其兩全其美之辦法。上舉〈疏〉中所謂「嘉靖六年題准事例」，係指浙江巡按御史楊彝所題：

舊例，日本入貢，以十年爲期，徒眾不得過百人，貢舡不得過三隻，亦不許以兵仗自隨。正德六年以後，使臣(了菴)桂悟、宗設等，各徒眾至五六百人，又有副使守（宋）素卿等一百五十人，各詰眞僞，爭端滋起。請令布政司移咨本國，今後遣使入貢，務遵定例，如違，定行阻回。仍行巡海備倭諸臣修戰具，謹烽堠，選鋒蓄銳，以戒不虞。㉞

而言。此一意見曾獲世宗之同意，所以禮部會兵、刑二部與都察院會議結果，嵩乃作如下之覆言：

夷情譎詐難信，勘合令將舊給繳完，始易以新。素卿等罪惡深重，貨物已經入官，俱不宜許。以後貢期定以十年，夷使不過百名，貢船不過三隻，違者阻回，督遣使者歸國。仍飭沿海備倭衙門嚴為之備。㉟

結果，世宗聽從嵩等人的意見。

明廷對日本貢使的要求既作如此決定，禮部乃於嘉靖十九年四月十四日，據此決定牌示其正使碩鼎云：

該國既稱宗設詐圖朝貢，于（干）犯國憲，是該國不知情矣！其沒官貨物，係有罪之贓（臟），焉得請討？若宋素卿貨物，先因讐殺燒盡，無憑給與。且先年奉旨不許朝貢，待擒送罪人宗設等，及送還袁指揮，方許奏請定奪。今宗設、袁指揮俱未見有眞正下落，朝廷念爾航海之苦，又據通事人等審稱別無他，故容入貢。賞賜之類又准照例，朝廷柔遠之恩至矣！今乃執以貨物為言，是此來專為利也，敬順之意何在？今朝廷且不深究袁指揮漂沒來歷，該國反以貨物為言，可乎？㊱

亦即嵩等認為：在寧波事件所衍生的問題未徹底解決之前，也就是說在日本未擒送寧波事件之元兇宗設謙道，及送還被擄寧波衛指揮袁璡之前，原不應准其入貢，只因朝廷念其航海之苦，而彼等又別無他意，方纔容其來貢，且照例給予賞賜。而竟敢要求歸還舊貨，及要求頒賜金印及嘉靖新勘合，這種作為實專為利而無絲毫敬順之意，故乃拒絕他們之請求。然碩鼎一行對明廷的處置並不心服，故乃呈短〈疏〉向禮部訴請歸還其舊貨，及頒賜嘉靖新勘合云：

日本國差來正使等謹呈：爲進貢事，本（四）月初十日，老爹大老大人傳聖旨責諭，以不送還袁指揮及擒送罪人宗設等事。若宗設，在上國寧波斬死，國人豈不知之乎？袁指揮乃嘉靖十年雖附妙賀送還上國，爲大風漂沒于中流，此皆非人力之所堪，天神地祇之所昭鑑也，別無虛詐矣！雖然，輿論所誣，群疑未解，爲之奈何？乞今俾使臣中一人留上國，代袁指揮當國刑以購其罪，是致至誠於魏闕，竭孤忠於吾王也。凡奉使於遠方者，以達事守節，不辱主命爲己重任也。吾王改前轍，續斷絃，誠（誠）心脩職貢。鼎等謬膺器使，如其事不達而蒼（倉）皇歸國，則吾王必督責曰：「件件事既具別幅以聞，然而偁等辱我命於大國，其罪孰大焉」？就戮如指掌也。迷惑之至，進退維谷。蓋吾王乞舊貨之一舉，平素唯有富國拯民之意也，全非先利後貢也。㊲

前文已說，宗設謙道在寧波事件爆發以後，不僅追殺宋素卿到紹興城下，復擄袁璡逃出海洋，所以碩鼎所謂宗設在寧波爲明廷所斬，實爲無稽之談。至於日方之曾於嘉靖十年送還袁璡，但在中途爲風漂沒之事，亦不足採信。碩鼎繼前舉文字之後，非僅言其王乞還舊貨之舉爲平日唯有富國拯民之意所致，全非先利而後貢，更言：

顧夫鼎等之於老爹大老大人，猶如赤子，赤子如無乳養之慈，何以全微命哉？伏希感吾王修貢之誠，憫使臣遠來之勞，詳轉達愚訟於天聽，復舊貨物，頒新勘合，則弗勝感戴之至。一則俾生還，使臣等出免刑之路，二則可使國王世世稱臣，奉貢不絕，此安寧長久之道也。謹稟白，

恐懼不宣。㊳

而希望明廷感其王修貢之誠，憫其遠來之勞，俯允其所請，俾使彼輩能夠完成使命。

由上述可知，寧波事件以後，明廷雖威嚇日本如不擒送元兇宗設，及送還指揮袁璡，便要閉關絕貢，但日本不僅未聽從明廷之要求，反而乞求歸還宗設舊貨與宋素卿，並頒賜金印與嘉靖新勘合，所以明廷方纔牌示：「先年奉旨不許朝貢，待擒送罪人宗設等，及送還袁指揮等，方許奏請定奪」。但「果係效順，如例起送」，「朝廷且不深究袁指揮漂沒來歷」，可見嚴嵩對日本此次來貢，並未採取積極的閉關絕貢措施，只審查其來人之眞僞，與是否有姦謀異志而已。㊴至其對頒賜金印與嘉靖新勘合之要求，則堅持《大明會典》之規定，予以回絕。

三、嘉靖倭寇之猖獗

當要論述嚴嵩與前往江南督察軍情的工部右侍郎趙文華一再顚倒功罪，搆陷張經、李天寵、湯克寬、曹邦輔等剿倭督撫之前，擬先考察在嘉靖年間倭寇突趨猖獗的原因，及明廷所以增設靖倭督撫之由。

明廷於佛郎機人騷擾東南沿海地方，及日本貢使引發寧波事件以後，曾於嘉靖四年二月、四年八月、八年十二月重申海禁。海禁趨嚴後，沿海居民的海外貿易活動便受到嚴重阻礙。因此，私販——走私活動突趨猖獗，致東南沿海所在通番，而以閩、浙兩地爲甚。惟値得注意的是嘉靖年間的倭寇與明初及萬曆年間侵犯朝鮮者並不相同。明初的倭寇，發生於高麗的倭寇之延長線上，其組成分子以日本人爲主。而高麗倭寇之發生，則又肇因於忽必烈的兩次東征日本後，鎌倉幕府屬下之御家人㊵爲邊防軍費而大傷元氣，及天災接踵而至。結果，民生凋弊，亂源遂萌。權藤成卿，《八鄰通聘考》，卷一〇，〈開霸〉，第十二云：

按元寇之變，商民或利於亂，以致巨富，私占民有物。而至貞時代尚不可解邊防。將士皆窮於千役之費，借之商民自辨（辦），子錢倍蓰，將士皆苦之。且諸國社、寺，修造供施之用益加，徵諸繁苛，百姓積凋弊。加之以永仁大地震，乾元之大水，幕府度支之計，未遑燮理。

在此所謂「元寇之變」，係指忽必烈之兩次東征日本；至貞時代指貞和年間（元順帝至正五～九年，一三四五～一三四九），永仁大地震即發生於永仁年間（元世祖中統三十年～成宗大德二年，一二九三～一二九八）的大地震，乾元大水，則爲發生於乾元元年（大德六年，一三〇二）之大水災。當時不僅有天災人禍，日本朝廷對於忽必烈東征後的論功行賞，竟本末倒置，將出生入死於沙場的將士武功列於僧巫祈禳之後。僧巫因獲優渥賞賜而得以大修諸國之神社、寺院殿宇，糜費帑藏；將士們則非僅受賞甚薄，復因築壘干役之費，及驛遞、糧餉之用而困窘難支。更有甚者，畿內各大寺社且各畜私兵，一再搆事，擾亂京師，致社會陷於擾攘不安。該書所云：

朝廷論功，以秋颶爲因神明，舉僧巫祈禳之勞，大修造諸國社寺殿堂，國帑多糜之，將士受賞甚薄。時民力已竭於築壘千役之費，與驛遞糧餉之用。守護、地頭，窘窮不能自支。然祈禳之事本出於宸慮，而時尚伴之，不可復奈之何。且諸大寺社各蓄私兵，延曆寺、興福寺、園城寺及祇園社、春日社、石清水寺等，屢搆事，擾亂京師。

即是道出個中情形者。在此情形下，其西陲居民遂成群結隊，鋌而走險，刼掠其近鄰高麗，然後逐漸及於中土。惟當時他們所刼掠之對象是糧食、漕船與其水手，及在當地工作之男婦，而瘋狂寇掠則尚不多見，其成員則大都爲日本人。惟自嘉靖以後，因海禁趨嚴，凡番貨至，輒賒與中國奸商。日子一久，奸商欺冒，不肯償其貨款。因此，番人乃泊近島，遣人坐索而仍無法獲得，番人遂至乏食。番商既因未得貨款而無法回去，復因乏食難於久留，乃鋌而走險，出沒海上爲盜。㊶久之，百餘艘盤踞海洋，日掠我海隅，不肯離去。於是小民好亂者，相率入海從倭。既有兇徒、逸囚、罷吏、黠僧，復有衣冠失職書生，不得志群，不逞者參與其間，爲倭奸細，爲之嚮導。於是王直、徐惟學、徐海、毛海峰之徒，皆我華人，金冠龍袍，稱王於海島，攻城掠邑，莫敢誰何，浙東治安因而大壞。㊷我們如披閱鄭若曾，《籌海圖編》，卷八，〈寇踪分合始末圖譜〉便可知，嘉靖間倭寇的成員，其絕大多數爲華人，主謀者、主動者，亦復如是。

在十六世紀前半，隨著東南沿海地方的農業與手工業之發達，當地居民之對東南亞、南海諸國，及日本等國家從事國際貿易，而此一貿易與時進展，從而使資本主義逐漸萌芽。在江南的若干地區之手工業部門，也出現此一現象。而資本主義之萌芽，也促進了對外貿易之發展。當時從事海外貿易的，大都爲浙江、福建、廣東沿海地區之人士。如衆所周知，在有明一代，東南沿海所在通番，連檣出入，紛然往來，㊸而閩尤甚。蓋八閩山多田少，斥鹵磽角，田不供食，㊹又無水港，民益艱困。自非肩挑步擔，踰山越嶺，則雖斗石之儲亦不可得。㊺因此，其生活所需，無不仰賴外界之輸入。

閩人既因土瘠物薄難於溫飽，其生活所需必得仰賴外界之輸入，故其居民乃以網罟爲耕耘，附山之民則墾闢磽角，植蔗煮糖。而將它們與其他產物如：紬絲、紗絹、藍、鐵或橘、荔枝等運往他處販售，以換日常生活之所需。他們向外地銷售產品，或購買自己所需物貨，其途徑固有陸路與水路，但因福建山多而山路多險隘，如取海路則不僅省時，其腳價銀亦較走陸路節省甚多。㊻所以那些升斗之民多倚海爲生，捕魚販鹽成爲他們謀生之業。然其利甚微，謀生艱苦。謀生艱苦而明朝當局竟又昧於漳、泉地方自宋、元以來久已成爲中外貿易之重要港埠，長期與外商接觸之事實，而一味以祖法嚴禁其下海謀生。不能下海謀生，便自然無法過安和樂利的生活。無法過安和樂利的生活，則海濱居民自無不干犯海禁，鋌而走險之理。㊼

明代國人之干犯海禁下海通番，在洪武年間（一三六八～一三九八）已有此一事實，㊽至永樂年間（一四〇三～一四二四），沿海軍民等也往往私自下海，交通外國，而其往舊港等地經商者，其衆多至數萬人云。㊾宣德（一四二六～一四三五）以後，私通番國者亦始終未絕，此事可由明廷之一再重申下海通番之禁之事實獲得佐證。惟在嘉靖（一五二二～一五六六）以前，國人之干犯海禁從事私販者尙不多，其規模亦不大。但在嘉靖以後，漸趨嚴重。其所以趨於嚴重的原因，在於嘉靖以後發生由日本貢使引起的寧波事件，及佛郎機人東來以後，不斷騷擾東南沿海地區，致明廷一再重申海禁令而此一禁令之執行逐漸嚴厲。

由於從事私販可獲鉅利，[50]故在嘉靖以後的海禁雖趨嚴厲，下海私販者卻反而增多。當時閩浙地方下海私販者有許氏兄弟、王直、徐海、鄧文俊、林碧川、何亞八、謝老、許西池、嚴山老、洪迪珍、張維海、張璉、蘇雪峰、林國顯、吳平、曾一平、林鳳以及林道乾等之海商集團，[51]他們都被目爲倭寇頭目而受征剿。他們的勢力都相當雄厚，經營中國、日本、南洋各地的貿易。其中，王直在海禁尚未十分嚴厲的嘉靖二十年代前半，與葉宗滿同往廣東，造巨艦，將帶硝黃、絲綿等違禁物品，分別前往日本、暹羅、西洋各國往來互市五六年，致富不貲。夷人大爲信服而稱爲五峰船主。於是他君臨倭寇世界，與地方官員勾結，蹂躪海上。[52]

初時，從事私販及誘引番舶至浙海貿易者雖多跳海之徒，然尙不爲盜。惟至後來，他們在私市交易時，每與番夷賒出番貨，於寧、紹與人易貨抵償。海濱游民視其物貨爲違禁物，往往捕獲之。於是游民得志，乃駕小船出海邀截，致殺傷人而浙海寇盜由是而生。迄至後來，下海通番者，勢豪之家多染指其間，每每挾制官府，說請拯救。而寧波知府曹誥亦以通番船招致海寇，所以每每廣泛緝捕接濟之人，但鄞縣士大夫亦曾爲之關說拯救。因此，誥遂歎謂：「今日也說通番，明日也說通番，通得血流滿地爲止」。[53]由於勢豪之家包庇掩護，通番者復可謀獲重利，故小民之謀生困難者，好亂者遂相率入海從倭，爲倭奸細，爲之嚮導。更有奸民因與賊聯姻而致富，或專造違式大船，假以渡船爲名，專運賊贓並違禁貨物。[54]更有內地叛賊，常於南風發汛時節，糾引日本諸島、佛郎機、彭亨、暹羅諸夷前來寧波雙嶼港內停泊，與內地奸人交通接濟，習以爲常，因而四散流刼。在此情形之下，以海爲家之徒，便安居城廓，既無剝牀之災，棹出海洋，且有同舟之濟。於是就連三尺童子，亦視海賊如衣食父母，視軍門如世代寇讎。因此，當官兵加以征勦時，便往往倡爲樵採漁獵之說，動稱小民失利，或虞激變，鼓惑群聽，加以浮誕之請，致賢者亦深信其言而不疑。㊺

私販下海通番者之日益猖獗，自嘉靖二十年前後開始，就寧波而言，萬表，《海寇議後》云：

寧波自來海上無寇，每年止有漁船出近洋打漁、樵柴，並不敢過海。通番者後有一二家，止在廣東、福建地方買賣，陸往船回，潛泊關外，賄求把關官以小船早夜進貨，或投託鄉官說關，我祖宗之法尚未壞也。二十年來，始漸有之。近年海禁漸弛，貪利之徒，勾引番船，紛然往來，而海上寇盜亦紛然矣！

可見初時沿海居民之干犯法禁下海，止於打漁、樵柴，尙不敢挾帶硝黃、絲綿等違禁物貨通番買賣。惟至後來，卻逐漸有將帶明朝當局嚴禁物品潛往海外出售者，所以明廷便嚴予取締。嚴予取締，勢必使其利益受損。因此，便從事武力反抗，從而開展其寇掠活動。我們得注意的是當時倭寇的刼掠活動並非孤立的，乃是與佛郎機殖民地者，及海盜商人結合者。自嘉靖二十六年（一五四七）起擔任浙江巡撫，負責勦倭工作的朱紈謂：

賊船、番船，則兵利甲堅，乘虛馭風，如擁鐵船而來。土著之民，公然放船出海，名爲接濟，內外合爲一家，其不攻刼水寨、衛、所、巡司者亦幸矣。官軍窳首者不暇，姦狡者因而交通媒利，益勢也。如今（二十六）年正月內，賊虜浯洲良家之女，聲言成親，就于十里外高搭戲臺，公然宴樂。又，八月內，佛狼機夷通艘深入，發貨將盡，就將船二隻起于斷嶼洲，公然修理。此賊此夷，目中豈復知有官府耶？56

非僅那些下海通番者及外夷四無忌憚的干犯中國海禁，更有眼中無官府的姦民肆虐其中。所以朱紈又謂：

如同安縣養親進士許福先，被海賊虜去一妹，因與聯姻往來，家遂大富。又如考察閒住僉事林希元，負才放誕，見事風生。每遇上官行部，則將平素所撰詆毀前官傳記等文一二冊寄覽，自謂獨持清論，實則明示挾制。守土之官，畏而惡之，無如之何，以此樹威。門揭「林府」二字，或擅受民詞，私行栲訊；或擅出告示，侵奪有司。專造違式大船，假以渡船爲名，專運賊贓并違禁貨物。57

《明世宗實錄》則云：

按海上之事，初起于內地奸商王直、徐海等，常闌出財物與番客市易，皆主于餘姚謝（遷）氏。久之，謝氏頗抑勒其值。諸奸索之急，謝氏度負多不能償，則以言恐之曰：「吾將首汝於官」。諸奸既恨且懼，乃糾合徒黨番客，夜刧謝氏，火其居，殺男女數人，大掠而去。58

嘉靖《浙江通志》更云：

先是，劇賊徐惟學即徐碧溪以其姪海即明和尚山質於大隅州夷，貸銀數十兩使用。……而惟學竟爲守備黑孟陽所殺。其後，夷索故所貸金於海。（海）令取償於寇掠。至是，海乃與夷酋新五郎聚舟結黨而來，衆數萬，寇南畿、浙西諸路。59

《明世宗實錄》以爲徐銓之受指揮黑孟陽之追擊沉溺於海，乃是在往廣東私販後的歸途——潮州海上。銓死後，九州大隅的日本人向海索討銓所借貸之銀兩。海爲償債，乃率夷酋新五郎出掠，並爲銓報仇。海率賊衆二萬餘，60在三十五年（一五五六）三月下旬抵大陸寇掠。61海之一夥肆虐的情形，詳於《倭變事略》、《明世宗實錄》、《籌海圖編》、《嘉靖東南平倭通錄》等。

由上述可知，嘉靖年間倭寇之所以猖獗，實由中國不法商人與奸吏所導致。奸吏之所以參與干犯海禁勾當，固由於當時政治腐敗所致，但軍備之廢弛，62軍紀之敗壞，63加上奸民之導引、接濟，便使得寇亂益發難制。64因此，明廷爲綏靖此一寇亂，乃於寇亂逐漸猖獗的嘉靖二十年代後半設巡撫、總督，使之負責討伐倭寇之工作。而就在那些督撫的剿倭與更迭過程中，嚴嵩與趙文華等人竟狼狽爲奸，顚倒功罪，誣陷功臣。職是之故，嵩在此一方面的作爲，亦爲本文所要考察的另一個重點。

四、嚴嵩誣陷靖倭督撫

當倭寇逐漸猖獗的嘉靖二十年代後半，明廷因巡按御史楊九澤之建議而設浙江巡撫，以討伐深溝諸砦番有功之巡撫南贛右副都御史朱紈提督浙、閩海防軍務，巡撫浙江。65紈清強剛直，勇於任事，欲爲國家杜亂源。66惟因他未能顧及唐、宋以來對外貿易發展之趨勢，一味取締下海通番者，更革渡船，嚴保甲，搜捕奸民，便宜行戮。非僅如此，復具狀報告沿海居民通倭情狀，而其言又侵害勢豪之家。閩人向來多資衣食於海洋，卻因紈之嚴行海禁而驟失利，所以雖是士大夫家亦甚感不便，致為他們所搆陷，御史陳九德更劾其擅殺。結果，紈失位。明廷更命兵科都給事中杜汝禎按問。紈聞之，遂作〈俟命詞〉，仰藥而死。紈死後便不再設巡視大臣，也無人敢言海禁事。(67)非僅如此，海道副使丁湛竟將紈所建設之海防措施予以撤銷而且弛禁，致在不久以後海寇大作，(68)危害東南沿海十有餘年。

迄至三十一年七月，浙江巡按御史林應箕奏報本年四月中，倭寇焚刼地方之情狀，因參劾署海道副使李文進，分巡副使谷嶠，僉事李廷松，分守參議李龍（寵）顧問，備倭把總等官周應禎、周奎、李材（才）等各失事，當治其罪；海道副使丁湛，新推備倭都指揮張鐵（鈇）等，皆臨難規避，宜並罰。於是給事中王國禎，御史朱瑞登乃交章言：「近來海洋之所以不平靜，乃由於朱紈得罪後裁革巡視都御史，致浙、閩、廣三省無所鈐轄。雖設有海道副使，但權輕不便行事，往往至狼狽失職，如丁湛、李文進等，已事可驗」，而請復設都御史，負責剿倭。(69)經吏、兵二部覆議結果，認為國禎等人所言頗有道理，惟認為巡撫都御史必假以巡撫總督之權，使之節制諸省，方可責其成功。世宗從其議，暫設巡視浙江兼管福、興、漳、泉提督軍務大臣一員，且令吏部推舉才足堪任者。(70)結果，由右僉都御史王忬提督軍務，巡視浙江及福州、興化、漳州、泉州四府。(71)忬上任後，分別任用參將俞大猷、湯克寬諸將，且募沿海壯民，及徵調狼、土兵分別帥之。每日犒撫激勵，欲得其死力。(72)不久，賊犯溫州，克寬破之，其據昌國衛者，為大猷擊退。而渠魁王直在此一時期糾結島倭及漳、泉群盜，連巨艦百餘艘蔽海而至，沿海數千里，同時告警。⑬大猷、克寬等人雖智通可任，然江南人一向柔弱。倭人揮刀，銀光耀目，官軍望風奔潰。倒戈就戮，死者相枕；倭賊梱載而去。當時，文武官員不能以軍法約束部下，而有司卻往往以軍法脅迫富人，巧索橫歛，指一科十；師行城守餉犒，類多乾沒，十不給一。廉謹者又以吳人善誘，束手不敢動一錢給賞。遂致公私坐困，戰守無策。因寇來不支，始釋坐贓累之李遂，及坐都御史朱紈事之柯喬、盧鏜，惟賊船已彌漫海上。⑭自閏三月登岸，至六月旋，遂致攻掠上海及南滙、吳淞、乍浦、嵊嶼諸所，而皆被攻陷。蘇、松、寧、紹諸衛所州縣被搶掠者二十餘，焚掠殆盡。⑮就在倭寇大肆刼掠之際，明廷復採王國禎之意見，將王忬之職銜由巡視改為巡撫，以加強其職權。當忬在福建視師時，賊又大至，犯浙江，盧鏜等頓時失利。因此，御史趙炳然劾忬之功罪，但為世宗所宥。⑯忬因請築嘉善、崇德、桐鄉、德清、慈谿、奉化、象山諸城，並撫恤被寇諸府之居民。⑰

三十三年五月，朝議以倭寇猖獗，請設總督大臣，世宗乃命南京兵部尚書張經不解部務，總督江南、江北、山東、福建、湖廣諸軍，便宜行事。⑱六月，忬因剿倭績效不彰被調職，改撫大同，擢兵備副使李天寵為右僉都御史，代忬巡撫浙江。⑲十一月，明廷採兵科之言，將經改敍為右僉都御史兼兵部右侍郎，專辦討賊。⑳

當張經受命擔任總督之際，倭賊二萬餘正盤踞柘林川沙窪，而其同黨方踵至。因此，經乃每日選將練兵，為搗賊巢而謀畫。當時，朝議欲徵狼、土兵剿寇，以經曾經總督兩廣軍務，在當地有聲威，且對他們有恩惠，更為狼兵所擁戴，故用之。⑧經請並調永順、保靖等宣慰司各率兵至江南剿賊寇。⑫三十三年八月，倭寇自嘉興還屯採陶港、柘林等處，進薄嘉定城。適逢募兵參將李逢時、許國以山東民兵槍手六千人至，與賊遇於新涇橋。逢時率其麾下先進，敗之。賊退據羅店鎮，官軍追及之，擒斬八十餘人。⑬山東兵復追擊至採陶港，乘勝深入。賊之伏兵驟起，山東兵大潰，溺水死者千人，指揮劉勇等陣亡。前此新涇之捷，李逢時之功居首。許國恨逢時與自己同事而不先約己，乃別從間道襲賊，欲搶逢時功。時值日暮，劉勇等兵先沒，諸軍繼之，遂大敗。⑭

正當江南倭患孔棘之際，工部右侍郎趙文華疏陳祀海神、降德音、增水軍、差田賦、募餘力、遣視師、察賊情等備倭七事。經覆議結果，認為其中差田賦恐擾民；遣視師宜行，但總督張經獎率諸軍，不必別遣。其餘五事則俱對軍政有裨益，請下督臣酌行。⑮在另一方面，張經自奉命後，雖每日選將練兵，為搗賊巢而謀畫，然因江、浙、山東等地之兵屢敗，故乃欲俟其所徵調之狼，土兵到齊後方纔征剿。三十四年三月，由廣西田州土司岑彭之妾瓦氏所率領之兵至蘇州。未幾，東蘭諸兵繼至。經以瓦氏兵隸屬總兵俞大猷，以東蘭、那地、南丹兵隸屬遊擊鄒繼芳，以歸順及思恩、東莞兵隸屬參將湯克寬，分屯金山衛、閔港、乍浦，欲從三面犄賊。⑯就在張經等候永順、保靖兵至江南之際，趙文華因得嚴嵩之推薦，至江南祭告海神，因察倭情。⑰

瓦氏所率領之狼兵輕慓嗜利，聞倭富有財貨，所以一到江南，便亟欲取之。居民亦苦於倭患，故朝夕冀倖一戰。⑱文華既至嘉興，一再促使張經早日檄狼兵剿賊。經曰：

> 賊狡且眾，今檄召四方兵，獨狼兵先至耳，此兵勇進而易潰，萬一失利，即駭遠近觀聽。姑候保靖、永順土兵至，合力夾攻，庶保萬全。[89]

文華雖仍再三促其進兵，但經始終守便宜不聽從其言。文華惱羞成怒，竟劾經

> 養寇糜財，屢失進兵機宜，惑于湯克寬謬言，欲俟倭飽載出洋，以水兵掠餘賊報功塞責耳。宜亟治以紓東南大禍。[90]

文華挾嚴嵩之內援，頤指經。經以大臣自重出，故未理會其言。文華遂劾經，謂其才足以剿除賊寇，只因其家在閩而避賊報仇，所以嚄唶縱賊。[91]當此疏至京城後，世宗即以此問大學士嚴嵩。嵩不僅以文華疏中之言來應答，更落井下石地說：

> 蘇、松人怨經，不可復留，宜與克寬俱逮京鞫訊，以懲欺怠。[92]

惟當文華之〈疏〉至京師時，永順、保靖兵至，即有平望王江涇之捷。文華雖言：「徵兵四集，未有進期」而作違心之論，其實他促進兵時，經已胸有成竹，卻以兵機貴密，而文華等人佻淺，恐其洩漏，故不輕易將自己計畫告訴他。[93]惟當經以王江涇之捷疏聞於朝[94]時，已是世宗接獲文華搆陷他之〈疏〉，及聞嚴嵩謗言之後。所以兵科都給事中李用敬，給事中閻望雲、顧弘潞、袁世榮、高敏學等人因言：

> 經選（巽）蝡失事，罪之成（誠）當，但今獲首功以千計，正倭奴奪氣，我兵激奮之時。宜乘勢搗柘林、川沙窪之巢，以殲醜類。若復易師（帥），恐誤機會。請姑召還錦衣衛使者，待進兵後視其成績與否，從而逮經加罪，未為晚也。[95]

世宗覽〈疏〉大怒，手批之曰：

張經欺怠不忠，聞文華之奏，方此一戰，是何心也？此輩黨奸，惡直、在（沮）法、怨上，罪不可貸。⑯

竟命錦衣衛執用敬等，各提杖五十，黜爲民。已而世宗心疑之，乃問嚴嵩。嵩仍作不利於經之言曰：

此事臣昨聞（問）臣（徐）階、臣本二臣松浙人，以鄉郡被慘，聞見其（甚）眞。皆言：「經養寇損威，殃民糜餉，不逮問無以正法」。昨狼兵初至，氣銳，經禁久不進。瓦氏憤曰：「我自備軍糧，不效尺寸，何以歸見鄉黨」？及賊逸甚多，地方震恐。文華憤不能（平），與（巡按）御史胡宗憲合謀督兵追賊。經聞繼至。今次文華誠忘身詢國，然必藉巡按力。宗憲勇敢有膽略，親環（擐）甲臨戎，以致克捷，此實上天垂祐所致。皇上昨諭欲遣官賜文華銀幣，以壯彼爲（威），仰見聖明激勵臣工至意。但御史胡宗憲功同，希亦賜一賞，使彼地之人如（知）日月之明，無遠不照，功者功，罪者懼矣！⑰

巡按御史胡宗憲，在王江涇之役中雖有其功勞，惟如非總督張經之縝密的佈署與策劃，亦無以致之。而嵩竟泯滅良心，將此被譽爲「自有倭患來，東南用兵未有得志者，此其第一功云」之戰功，完全歸諸文華、宗憲。而世宗也竟聽信嵩言，諭禮部分別賞賜文華、宗憲、瓦氏等，有差。⑱

只因文華劾經「畏巽失機，玩寇殃民」，「欲俟倭飽載出洋，以水兵掠餘賊報功塞責」，「宜亟治以紓東南大禍」，嵩又言：「文華、宗憲合謀督兵，擐甲致捷，經聞繼至」。「經養寇損威，殃民糜餉，不逮問，無以正法」，而作殊失事實的報告，結果，經竟被論死。當時狼、土兵之所以應調至浙，乃服經威名。故當經被捕後，衆志便泮渙，由是倭患日熾。而狼、土兵復爲地方所苦，東南倭亂愈益難於平定。⑲

文華不僅疏劾張經，同時也以莫須有之罪名搆陷不阿諛他的王忬之後任李天寵。文華既誣陷經、克寬、天寵，使他們入罪，即推薦一味奉承他的同黨胡宗憲，使之升爲右僉都御史，以代天寵巡撫浙江。總督一職，則將巡撫蘇松的右僉都御史周琉擢爲兵部右侍郎來擔任，而宗憲擔任浙江巡撫後即覬覦總督職位。⑩

琉上任後，在勦倭方面的表現不佳，復因文華疏陳倭寇出沒情形，並劾總督周琉，總兵白泫，僉事董邦政等，言其「縱寇喪師，使零賊奔潰，餘孽復張」。且言「胡宗憲才智異常，安危可寄，宜亟付以重任」。世宗遂責琉統重兵而蹶將損師，而姑停其俸，並褫泫及邦政職，充爲事官，戴罪殺賊。⑩琉旋被勒爲民，故琉在官僅三十四日，由南京戶部右侍郎楊宜繼其位。⑩結果，宗憲、文華之企圖落空。

三十四年八月，倭自宜興奔往蘇州，會柘林賊爲風飄旋者三百餘，進據陶宅港。蘇松巡撫曹邦輔，慮二賊一旦會合，將爲大患。乃親自督促副使王崇古會集各部兵，扼其東路，四面蹙之。倭賊逃至五龍橋，復至梅（一作海）灣山。官兵隨地與戰，頗有斬獲。太倉衛指揮張大綱被殺，士兵傷亡亦衆。時僉事董邦政，把總婁宇，督沙兵守陶宅。邦輔以爲陶宅賊據險且衆，未可進兵，乃召邦政、宇助勦。

一戰，斬首十九級。賊始懼，奔往吳舍，欲潛走太湖。官兵發覺，追及於楊林橋，盡殪其衆。⑩³

當蘇州之寇即將被殲時，文華聞之，乃急往蘇州，欲攘其功，惟其抵達時邦輔業已先奏捷，文華遂大怒。見調兵四集，謂陶宅寇爲柘林餘孽，可取。浙江巡撫胡宗憲，因而大言：「寇不足平」，以悅其意。遂悉簡浙兵精銳，得四千人。文華、宗憲親自率領，營於松江之磚橋。因約邦輔會剿。賊悉銳來衝。結果，官軍擠沉於水，及自相蹂踐，死者甚衆，損失軍士凡一千餘人。⑩⁴而文華竟將此役失敗的責任推到邦輔、邦政身上，言其「不協力進兵，避難趨易，僥倖功捷，乞加懲究」。結果，邦政竟被逮問。⑩⁵

文華經陶宅之敗，始知倭寇不易消滅，即有返京之意，及本年閏十一月，川兵破周浦賊，⑩⁶俞大猷復有海洋之捷，文華遽言：「水陸成功，江南清晏。臣違闕日久，請歸供本職」。⑩⁷而其請求爲世宗所同意。

三十五年二月，罷總督浙直兵部右侍郎楊宜。宜之所以被罷，乃由於御史邵惟中論其「闇淺，非應變才」。宜懲張經之敗，曲事文華，所以世宗只免其職，令其閒住，而得禍輕。⑩⁸文華於本年正月入朝，薦宗憲代宜。⑩⁹

文華雖以「水陸成功，江南清晏」爲理由請求返京，但他回京後，江南卻被寇掠如故而羽書沓至。因此，世宗疑文華之妄，屢問嚴嵩。嵩曲爲之解，予以袒護，惟世宗始終無法釋懷。⑪⁰職此之故，文華內心甚恐。當時，兵部尙書楊博因丁憂離職，文華幾得其職位，但爲吏部尙書李默所拒。文華因而竟指默策試選人時的「漢武征伐四夷而海內虛耗，唐憲功成淮蔡而晚業不終」之句爲謗訕；又其推薦胡宗憲爲總督時，默用王誥而捨宗憲。文華竟言其欲敗東南事，爲其鄉人張經報仇。世宗聞之大怒，即日下默於鎭撫司掠治。⑪世宗因而以文華爲忠，將其升爲工部尙書，加太子太保。當時嵩已年老，顧慮自己一旦去世，將有後患，所以推薦文華供奉青詞，直內閣。不報。而東南沿海倭警遝至，部議再遣大臣督師，且已命兵部侍郎沈良才擔任斯職，郎中郭仁，員外郎王遴從軍贊畫。⑫當世宗命良才等人下江南提督軍務禦倭後，復論嚴嵩，令文華以平倭事作一報告。嵩知詞窮，將被譴責，故乃使文華以其自己意思請再視師。嵩復言良才的才華不足以當此一大責重任，更言江南人引領傒文華已久。世宗竟聽信嵩言，免除良才等之新職務，以文華爲右副都御史，總督江南、浙江諸軍事。⑬因此，文華乃大納賄賂於嵩，而寇亂益甚。⑭

前此楊宜被罷時，宗憲因文華之薦舉而擔任總督。及文華再度下江南，宗憲欲藉文華以通於嵩，俾能獲更高職位，故諂奉文華不置。文華素不知兵，剿倭工作得倚靠宗憲，所以兩人相互利用對方而相交甚歡。⑮已而宗憲平渠魁徐海、陳東、麻葉，文華即疏報大捷，歸功上玄。並言：「臣與宗憲策，臣師嵩所授也。」⑯世宗遂命嵩兼支尙書俸，但嵩並未致謝。自此以後，凡獲賞賜，皆不致謝云。⑰

五、結語

明朝實施海禁的目的在防倭入侵，及由政府來統制對外貿易，故當時的對外貿易只許由各國政府派遣的貢船來華，中國船隻之前往外國，也非持有政府發給之證件不可。故當許某一國家遣貢船時，明朝政府就事先頒給蓋有騎縫章的證明書——勘合，於其貢船抵華之際核對，以辨其是否為對方國王所遣，中國船隻之前往諸外國時亦同。明代頒給各國的勘合由禮部發行。

明廷首次為日本製作之勘合為永樂勘合，它與發給諸國、土官衙門者相同，「每改元則更造換給」⑱，共頒永樂、宣德、景泰、成化、弘治、正德六次。由於「每改元則更造換給」，所以如要領新勘合，就必須把未用完的前代勘合悉數繳回。所以湖心碩鼎一行於嘉靖十八年來貢時，雖要求明廷頒賜嘉靖新勘合，以為他們日後來貢時之所需，只因他們未將孝宗、武宗兩朝頒賜的弘治、正德兩勘合繳回，所以明廷並未允其所請。亦即當時身為禮部尚書的嚴嵩，他堅持明廷的規定，絲毫不肯通融，必得將其舊勘合悉數繳還後始給新的。就這一方面而言，嵩並未失其應有之分寸。當時除頒新勘合問題外，對舊勘合的數目方面，中、日雙方雖有若干爭執，而日方對未繳還舊勘問題亦有其片面之說詞，但此事筆者已在〈嘉靖間明廷對日本貢使策彥周良的處置〉⑲一文中論及，所以未予重述。

明廷之所以自嘉靖二十年代中期至三十年代，為征剿倭寇而特別任命浙江巡撫與浙江總督，乃由於在嘉靖初因日本貢使惹起寧波事件，及因佛郎機人東來從事走私、公然搶刧，更與倭寇、海盜相互勾結，掠賣人口，禍及平民。這些事實使明廷對其海禁政策之執行趨嚴。海禁趨嚴以後，沿海居民的海外貿易活動便受到嚴重阻礙，致走私活動轉趨猖獗。走私猖獗以後，因有奸商賒欠外夷貨款而不予償還，致那些外夷無法回去。他們不僅無法回去，復因乏食，難於久留，遂鋌而走險，出沒海上為盜。那些寇盜不僅有外夷，更有中國編民參與其間，爲其奸細，爲之嚮導，遂致沿海郡縣之治安大壞。因此明廷方纔於嘉靖二十六年六月，聽從巡按御史楊九澤之建議，置巡撫大臣提督軍務，嚴格執行海禁。至三十五年五月，則除巡撫外，別置總督大臣，專門負責勦倭而廷推南京兵部尙書張經擔負此一大責重任。明年二月，工部右侍郎趙文華因嚴嵩之推舉，至江南祭告海神，因察軍情。

當文華初至江南時，張經方徵四方之兵及狼、土兵，與其麾下研議滅賊之計。惟經自以位居文華之上而心輕之，文華因此內心不悅。文華雖曾再三促經進兵討賊，但經欲俟自己徵調之兵到齊以後，一舉消滅賊寇，且顧慮文華生性輕淺，恐有漏洩師期之虞，所以未將自己計畫告訴他。文華益怒，遂劾經養寇失機。謂其才能可滅賊而躊躇不前。當文華之〈疏〉抵北京時，經在平望王江涇大捷，此捷雖被認爲是「自有倭患以來，東南用兵未有得志者，此其第一功」，但經非僅未獲應得之奬賞，竟因文華之疏劾並奪其功，致被論死，浙江巡撫李天寵也因平日不取寵於文華，而以莫須有之罪名被害，而參將湯克寬亦遭池魚之殃，天下寃之。文華之所以敢顚倒功罪，陷害功臣，乃由於恃嚴嵩爲其內援之故。如果嵩不包庇文華，不在世宗面前言：「蘇、松人怨經，不可復留，宜與克寬俱逮京鞫訊，以懲欺怠」等違背良心的話，而據實以告，則經、克寬、天寵等人既不會被論死，也可因而獲得應有之奬勵，繼續從事勦倭工作而早日消弭沿海寇亂，不致滋蔓難圖。因此可說，嘉靖三十年代的倭寇之所以難於消滅，除文華之以外行人干涉勦寇工作外，嚴嵩之濟惡也須負相當的責任。

〔註釋〕

①：俞大猷，《正氣堂集》（廈門博物館、集美圖書館據道光二十一年春三月開雕味古書室藏版影印本，一九九一年一月），卷七，〈論海勢宜知海防宜密書〉。此一資料爲福建師範大學歷史學系謝必震、傅朗兩位教授所提供，在此謹致深忱謝意。

②：鄭若曾，《籌海圖編》（四庫全書本），卷二，〈倭奴朝貢事略〉，嘉靖二年條。葉向高，《蒼葭草》（明萬曆三十四年陳邦瞻等刊本），卷一九，〈日本考〉，同年條。

③：策彥周良，《初渡集》（續群書類從本），嘉靖十八年庚子卯月十四日條。

④：《明史》（臺北，鼎文書局，點校本），卷二〇五，〈朱紈傳〉。

⑤：有關王忬征剿倭寇之情形，請參看拙著〈王忬與靖倭之役〉，收錄於《淡江史學》，第四期（淡水，淡江大學歷史學系，一九九二年六月），及《中日關係史研究論集》，第五輯（臺北，文史哲出版社，一九九五年三月）。

⑥：《明世宗實錄》（臺北，中央研究院歷史語言研究所，影印本），卷四二二，嘉靖三十四年五月甲午朔條。談遷，《國榷》（中華書局本），卷六一，同年月日條。《明史》，卷三二二，〈日本傳〉。

⑦：《明史》，卷三〇八，〈奸臣傳・趙文華傳〉。

⑧：嚴從簡，《殊域周咨錄》（明萬曆間刊本），卷二，〈日本〉。《明史》〈日本傳〉。

⑨：夏言，《桂州奏議》（明嘉靖間刊本），卷二，〈請勘處倭寇事情疏〉。

⑩：《明世宗實錄》，卷二八，嘉靖二年六月庚子朔甲寅條。

⑪：同前註。
⑫：《明世宗實錄》，卷二八，嘉靖二年六月庚子朔戊辰條。
⑬：嚴從簡，《殊域周咨錄》，卷二，〈日本〉。
⑭：張䌹，《張都諫奏議》（明崇禎刊本），卷一，〈杜狡夷以安中土疏〉。
⑮：同註一二。參看徐階，《徐文貞公文集》（明經世文編本），卷一，〈覆處日本國貢例〉，及鄭樑生，《明代中日關係研究》（臺北，文史哲出版社，一九八五年三月），頁三三八～三三九，或《明・日關係史の研究》（東京，雄山閣，一九八四年一月），頁二八八～二八九。
⑯：《明世宗實錄》，卷五〇，嘉靖四年四月庚寅朔癸卯條。
⑰：《明史》〈日本傳〉。
⑱：《明世宗實錄》，卷四九，嘉靖四年三月庚寅朔戊寅條。
⑲：同前註書，卷五一，同年六月乙丑朔己亥條。
⑳：《歷代寶案》（臺北，臺灣大學影印本），〈符文〉，卷三五；〈執照〉，卷二九。
㉑：《續善鄰國寶記》（續群書類從本），嘉靖六年秋捌月，〈遣大明表・別幅〉。
㉒：小葉田淳，《中世日支通交貿易史の研究》（東京，刀江書院，昭和四十三年九月），頁一四七。
㉓：策彥周良，《初渡集》，嘉靖十八年庚子卯月十四日條。
㉔：參看鄭樑生，《中日關係史研究論集》，第一輯（臺北，文史哲出版社，一九九〇年七月），頁五七～五八。

㉕：《明世宗實錄》，卷二二七，嘉靖十八年閏七月丙申朔甲辰條。
㉖：同前註書，卷二三四，嘉靖十九年二月甲子朔丙戌條。
㉗：嚴嵩，《南宮奏議》（明嘉靖間鈐山堂刊本），卷二，〈會議日本朝貢事宜疏〉。此疏並見於《明經世文編》，卷二一九。參看《大明會典》（明萬曆十五年司禮監刊本），卷一〇八，〈禮部・朝貢〉條。
㉘：嚴嵩，《南宮奏議》，卷二，〈會議日本朝貢事宜疏〉。
㉙：同前註。
㉚：同前註。
㉛：同前註。
㉜：同前註。
㉝：同前註。
㉞：《明世宗實錄》，卷八〇，嘉靖六年九月乙亥朔丙戌條。
㉟：同註前註書，卷二三四，嘉靖十九年二月甲子朔丙戌條。
㊱：策彥周良，《初渡集》，嘉靖十九年辛丑卯月十四日條。
㊲：同前註書，同年同月十六日條。
㊳：同前註。
㊴：參看小葉田淳，《中世日支通交貿易史の研究》，頁一五一～一五六。

㊵：御家人，日本鎌倉時代（一一八五～一三三三），幕府將軍的家臣因尊敬將軍而自稱之詞之一般化者。那些家臣由將軍承認其土地之所有權，故爲報答此種恩惠而擔任衛戍皇宮、幕府等工作。戰時則提供兵力與軍費等。以出身現今關東地方者爲多。迄至江戶時代（一六〇三～一八六七），則指俸祿在萬石以下的家臣中，可直接謁見將軍者稱「旗本」，否則叫做御家人，江戶時代御家人的最高俸祿（年俸）爲二六〇石，最低則爲四兩及支給一人份之眷屬津貼。

㊶：徐學聚，《嘉靖東南平倭通錄》〔收錄於《倭變事略》（臺北，廣文書局，一九六七年十月）〕，卷首語。
《明史》〈日本傳〉。

㊷：徐學聚，《嘉靖東南平倭通錄》，卷首語。

㊸：陳文石，《明洪武嘉靖間的海禁政策》（臺北，臺灣大學文學院，一九六六年八月），頁一三一。

㊹：顧炎武，《天下郡國利病書》（清乾嘉間樹蘐草堂鈔本），卷九三，〈福建〉，三，「洋稅」條。

㊺：陳仁錫，《皇明世法錄》（明末葉原刊本），卷七五。

㊻：茅元儀，《武備志》（明天啓元年刊本），卷二一四，〈海防〉，六云：「漳、泉人運貨至省城，海行者每百斤腳價銀不過三分，陸行者增二十倍，覓利甚難。其他所產魚、鹽，比浙又賤。蓋肩挑度嶺，無從變賣故也」。

㊼：參看鄭樑生，〈明隆慶初右僉都御史塗澤民議開海禁的貢獻〉，收錄於《明末清初華南地區歷史人物功業研討會論文集》（香港，香港中文大學歷史學系，一九九三年三月），頁一〇五～一一五，及《中日關係史研

究論集》，第五輯。

㊽：鄭舜功，《日本一鑑》（民國二十八年商務印書館據舊鈔本影印本），〈窮河話海〉，卷六，「海市」條云：「皇明洪武辛亥（四年，一三七一），福建興化衛指揮李興、李春，私遣人出海行賈。上命都督府臣嚴處之」。

㊾：《明世宗實錄》，卷三八，永樂三年正月戊戌朔戊午條云：「遣行人譚勝受，千戶楊信等往舊港（今印尼巨港）招撫逃民梁道明等。舊港在南海，與爪哇鄰。道明，廣東人，挈家竄居於彼者累年，廣東、福建軍民從之者，至數千人，推道明爲首」。

㊿：姚士粦，《見只編》（明天啓刊本，鹽邑志林之一），上卷所錄蘭谿人章華之言。《蔭涼軒日錄》（京都，史籍刊行會，一九五三年十二月），長享二年（一四八八）九月十三日條。尋尊和尚，《大乘院寺社雜事記》，永正二年（一五〇五）五月四日條。

(51)：鄭若曾，《籌海圖編》，卷八，〈寇踪分合始末圖譜〉。鄭舜功，《日本一鑑》〈窮河話海〉，卷六，「海市」條。

(52)：萬表，《海寇議後》。參看鄭樑生，《明代中日關係研究》，頁四二九～四四〇，或《明・日關係史の研究》，頁三七〇～三八六。

(53)：鄭舜功，《日本一鑑》〈窮河話海〉，卷六，「流逋」條。

(54)：朱紈，《甓餘雜集》（明萬曆間刊本），卷二，嘉靖二十六年十二月二十六日，〈閱視海防事疏〉。此〈疏〉並見於《明經世文編》，卷二〇五。

55：同前註書，卷三，嘉靖二十七年六月二十七日，〈海洋賊船出沒事疏〉。此〈疏〉並見於《明經世文編》，卷二〇五。

56：同註五四。

57：同前註。

58：《明世宗實錄》，卷三五〇，嘉靖二十八年七月戊辰朔壬申條。

59：嘉靖《浙江通志》，卷六〇，〈經武志〉。

60：鄭舜功，《日本一鑑》〈窮河話海〉，卷六，「流逋」註。

61：采九德，《倭變事略》（明天啓四年海鹽原刊本，鹽邑志林之一），卷四文末所附〈王直自明疏〉。

62：同註五四。

63：有關當時軍紀敗壞情形，戚繼光在其《紀效新書》（四庫全書本），卷一六曰：「名將所先，旗鼓而已。近見東南人不知兵，旗法無制，率如兒戲。………方色混雜，不可辨認。而臨陣分合，更與旗無干。聽兵用手逼口爲哨聲，卻以旌旗爲擺隊之具，金鼓爲飲宴之文。至有大將名冑，而亦烏合縱橫，一聽兵士紛沓。一隊數色，一陣數令，以勝負付之自然，以進退付之無可奈何」。《明世宗實錄》，卷四二九，嘉靖三十四年閏十一月壬戌朔丁丑條則所紀錄光祿寺卿章煥之言則云：「古者兵將相習，教戒素明，乃可赴敵。今軍門督府，分閫到（列）旌，下至文武庶僚，紛然卜衆建，然皆空名，有將無兵也。將佐雜居，諸軍烏合。加以南方素不知兵，軍政久弛，其視諸將，弁髦也，諸將之視郡縣，傳舍也，兵將之相視，途人也，如是則其赴戰，兒戲也。此其統兵之制未定者一也。夫將無號令，典（與）無將同；兵無約束，與無兵同。故平時之節制，即臨陣之紀律也。今諸軍自不睹軍容耳，不聞將令，有急，驅之不能卒集，朝而遣，日中不至；晝而遣，日晡不至。臨陣而逊，轉相刼掠。或殺平民報功，甚者爲賊內應。陵夷既久，漸成亂階。因循則威嚴愈褻，矯正則他釁易生，此馭兵之制未定者二也。調至（苗兵），（土）賊頗畏忌，然亦獷悍難馴。夫以苗攻倭，猶以毒攻毒。……金（今）既無鼓舞之方，復無調停之法。事急則倍賞以招，侮（倭）勢緩則厭棄而生怨，此調兵之制未定者三也。分道募兵，不按名籍，游手無賴，草竊亡命，悉入穀（彀）中。及至而茫無統既（馭），聚散無稽，多寡不問，故募而來，來而去，去而無兵，則又復募。府庫罄竭，道路驛騷，終無實用。此募兵之制未定者四也。……夫兵有營伍，則耳目心志定，而約束易行。今雜處市廛，嬉遊里巷。有貨之所歆艷，侈俗之所浸淫，遂令山東椎鈍，變爲紈袴；狼苗鄙野，咸習歌舞。精銃（銳）銷耎，軍氣不揚，浮蠱流行，死亡枕籍（藉），此屯兵之制未定者六也。……而諸將乃不謹哨探，不量虛實，行無斥堠，止無堅壁，往履危機、墮行糧從，強者主戰，弱者主爨，此軍制也。今或臨陣而未食，或食至而不均；或師行境外，而食具城中。設欲晨炊蓐食，倦甲疾趨，何（以）應之？軍機盡詘，七（士）忿不平，此養兵之制未定者八也。」王文祿，《文昌旅語》，卷一更云：「統馭無術，行調無制，募屯無法，訓練無方。軍器戈矛，幹脆而鐵鏽，甲冑線穿而紙糊。糧餉歲久不支，包侵爲弊，枵腹稱貸，形同乞丐」。

(64)：參看陳文石，《明洪武嘉靖間的海禁政策》，頁一五八～一六九。

(65)：《明世宗實錄》，卷三二四，嘉靖十六年庚辰朔癸卯條。

(66)：《明史》，卷二〇五，〈朱紈傳〉。
(67)：同前註。
(68)：《明世宗實錄》，卷三八八，嘉靖三十一年八月辛亥朔條。
(69)：同前註書，卷三八七，嘉靖三十一年七月辛巳朔己亥條。
(70)：同前註。
(71)：《明史》，卷二〇四，〈王嵊傳〉。
(72)：徐學聚，《嘉靖東南平倭通錄》，嘉靖三十二年三月條。
(73)：同註六八。
(74)：同註七二所舉書，嘉靖三十一年八月條。
(75)：《明史》〈王忬傳〉，〈日本傳〉。
(76)：《明史》〈王忬傳〉。
(77)：王忬，《御史大夫思質王公奏議》（明隆慶刊本），卷八，〈建築城垣以固海防疏〉。
(78)：《明世宗實錄》，卷四一〇，嘉靖三十三年五月庚子朔丁巳條云：「給事中王國禎、賀涇，御史溫錦葵等，以倭寇猖獗，逼近留都，各上疏乞調兵、給餉，及推選總督大臣。重其事權，如往年征巢（剿）華林、麻陽諸寇故事。下兵部集廷臣議，俱稱〔便〕。因薦南京兵部尙書張經堪任總督，調兵當遣御史及本部司官各一員，賫太倉銀六萬兩，往山東調發。奏留民兵一支，及青州等處水陸槍手共六千人，人給軍裝銀十兩，令參將李逢時、許國督赴揚州，聽經調度」。《明史》，卷二〇五，〈張經傳〉。

(79)：《明史》，卷二〇五，〈李天寵傳〉。

(80)：同前註。

(81)：《明史》〈張經傳〉。

(82)：徐學聚，《嘉靖東南平倭通錄》，嘉靖三十三年條。

(83)：同前註書，嘉靖三十三年八月條。

(84)：《明世宗實錄》，卷四一三，嘉靖三十三年八月己巳朔庚寅條。

(85)：同前註書，卷四一九，嘉靖三十四年二月丙寅朔庚辰條。《明史》〈張經傳〉，卷三〇八，〈奸臣傳．趙文華傳〉。

(86)：《明史》〈張經傳〉。

(87)：《明史》〈趙文華傳〉。

(88)：《明世宗實錄》，卷四二三，嘉靖三十四年五月甲午朔己酉條。談遷，《國榷》（中華書局本），卷六一，同年月日條。

(89)：同前註。

(90)：同前註。徐學聚，《嘉靖東南平倭通錄》，嘉靖三十四年五月條並見此事。

(91)：談遷，《國榷》，卷六一，世宗嘉靖三十四年五月甲午朔己酉條。

(92)：徐學聚，《嘉靖東南平倭通錄》，嘉靖三十四年五月條。
(93)：同註八八。
(94)：有關平望王江涇之捷的詳情，請參看《明世宗實錄》，卷四二二，嘉靖三十四年五月甲午朔條，及鄭若曾，《籌海圖編》，卷九，〈大捷考・王江涇之捷〉條。
(95)：《明世宗實錄》，卷四二二，嘉靖三十四年五月甲午朔癸丑條。談遷，《國榷》，卷六一，同年月日條。
(96)：同前註。
(97)：同前註。
(98)：談遷在其所著《國榷》，卷六一，世宗嘉靖三十四年五月甲午朔己酉條對此事作如下評論云：「張經受脤，節制半天下，顧不滅賊朝食，擁兵持重，圖萬全之策。誠不欲浪戰，付國事于一擲也」。
(99)：同前註書，同年月日條。
(100)：《明史》，卷二〇五，〈胡宗憲傳〉。
(101)：同前註。
(102)：《明世宗實錄》，卷四二二，嘉靖三十四年五月甲午朔辛酉條。
(103)：《明史》，卷二〇五，〈周琉傳〉。
(104)：《明世宗實錄》，卷四二五，嘉靖三十四年八月癸亥朔壬辰條。
(105)：同前註書，卷四二六，嘉靖三十四年九月癸巳朔乙未條；卷四二七，同年十月壬辰朔丙子條。

⑩⑥：同前註書，卷四二七，嘉靖三十四年十月壬辰朔丙子條。
⑩⑦：《明世宗實錄》，卷四二九，嘉靖三十四年十二月辛卯朔乙巳條。
⑩⑧：《明史》〈胡宗憲傳〉。
⑩⑨：談遷，《國榷》，卷六一，世宗嘉靖三十五年二月庚寅朔己亥條。
⑪⓪：《明史》〈趙文華傳〉。
⑪①：談遷，《國榷》，卷六一，世宗嘉靖三十五年二月庚寅朔戊午條。《明史》〈趙文華傳〉。
⑪②：談遷，《國榷》，卷六一，嘉靖三十五年五月戊午朔壬戌條。
⑪③：談遷，《國榷》，卷六一，嘉靖三十五年五月戊午朔乙丑條。《明史》〈趙文華傳〉。
⑪④：《明史》，卷三〇八，〈奸臣傳・嚴嵩傳〉。
⑪⑤：《明史》〈趙文華傳〉。
⑪⑥：同註一一四。
⑪⑦：同前註。
⑪⑧：《大明會典》，卷一〇八，〈禮部・朝貢〉條。
⑪⑨：鄭樑生，〈嘉靖間明廷對日本貢使策彥周良的處置〉，收錄於《漢學研究》，第六卷第二期（臺北，漢學研究中心，一九九〇年十二月），及《中日關係史研究論集》，第二輯（臺北，文史哲出版社，一九九一年十二月）。

明嘉靖間靖倭督撫之更迭與趙文華之督察軍情

——一五四七～一五五六

一、前　言

嘉靖二年（一五二三）四月，有日本貢船三隻，譯傳西海道大內誼興國遣使宗設謙道入貢。越數日，又有日本船一隻，使人百餘，復稱南海道細川高國遣使鸞岡瑞佐、宋素卿入貢。①當地職官將他們導至寧波江下。當時，市舶太監賴恩，私受宋素卿重賄，使後至之鸞岡、素卿一行之座席位於宗設一行之上②。更有進者，鸞岡之貢船後至，卻又先予盤驗，而住宿處所之安排，亦有欠公允，遂致兩造貢使相互仇殺，毒流廛市。宗設之黨，追逐宋素卿，直抵紹興城下。不及，而還至寧波。殺指揮劉錦；刼擄寧波衛指揮袁璡，蹂躪寧、紹間，奪舟越關而還。此一事件，謂之寧波事件。④

寧波事件發生以後，明、日兩國關係惡化，但明廷並未積極採取閉關絕貢措施，僅令備倭官員嚴飭海防，使日方嚴守貢期、船數、人員等的限制，並嚴禁日本使臣一行與中國奸謀之徒私通。然此乃只對日本使臣來貢之限制，⑤對於當時葡萄牙人之騷擾中國東南沿海和日本貢使的不法行爲，則分別於嘉靖三年四月，四年八月，八年十二月申飭海禁。迄至二十六年（一五四七）則命朱紈爲浙江巡撫，擔負取締倭寇的大責重任。⑥

朱紈擔任浙江巡撫以後，嚴厲執行海禁政策，採革渡船，嚴保甲，搜捕奸民等措施，⑦引起閩、浙地方勢豪之家之勾結倭寇與從事走私勾當者的不安忌恨，遂共謀排斥他。因此，紈在執行海禁方面雖有豐碩成果，給倭寇淵藪以很大打擊，但竟爲反對其作爲者所搆陷而失位，終於仰藥自盡。結果，紈之嚴厲海禁遂寢而不行。

朱紈既卒，罷巡撫不復設，又以御史宿應參之請，復寬海禁，而舶主、土豪，益連結日本商賈，爲奸日甚，官司以目視，莫敢誰何。⑧明廷既罷巡撫之職，復寬海禁，倭寇之侵掠東南沿海的情況便日益嚴重，乃於三十一年（一五五二）復設浙江巡撫，命御史王忬擔任此一職務，⑨惟忬對當時倭寇激烈的寇掠已束手無策，⑩終於進入所謂嘉靖大倭寇時期。忬後，李天寵、張經、周琉、楊宜等人先後負責此一方面之工作，於三十五年二月，胡宗憲繼其任。⑪

當東南倭患激烈之際，工部右侍郎趙文華疏陳備倭七事。⑫經兵部復議，乃於三十四年二月遣文華祭告東海海神，並察視江南賊情。⑬文華抵江南以後，不僅對討倭工作毫無裨益，反而顚倒功罪，諸軍益解體。文華既誣陷張經養寇失機，又以經「惑於參將湯克寬之言」而羅織克寬之罪，更譭謗浙江巡撫李天寵嗜酒廢事。結果，經、克寬、天寵等雖在王江涇的剿倭戰役中獲空前的大勝利，竟被逮下獄，論死。⑭

文華非僅陷害張經、湯克寬、李天寵，也誣諂巡撫應天右僉都御史曹邦輔，以爲邦輔避難擊易，致師後期。邦輔遂被逮繫，謫戍朔州。

由於趙文華之察視江南賊情，致功罪顚倒，更由於他的牽制兵機，致軍紀大乖，將吏人人解體，徵兵半天下而賊勢愈熾。因此，本文擬先論述嘉靖年間倭寇猖獗的經緯，次言當時剿倭督撫更迭的情形，然後將文華在嘉靖三十年代下江南督察軍情，陷害功臣的情況作一探討，以明他對此一戰役所造成之傷害。

二、朱紈首任浙江巡撫

明廷雖自洪武四年（一三七一）開始實施海禁，卻始終無法禁絕私販（走私商人）之下海通番。正德五年（一五一〇），巡撫廣東都御史林廷舉以盜亂猖獗，連年用兵，軍餉匱乏，乃題請留諸外國所貢物貨，除貴重者若象牙、犀角、鶴頂之類解往京師外，其餘粗重如蘇木等物，則留在廣東變賣撥充軍餉。⑮弛禁之後，一時貿易興盛，「小民持一錢之貨，既得提菽輾轉貿易，可以自肥」。⑯惟在不久以後，反對者以姦民通番貨，引外夷，擾害地方爲理由，疏請禁止。⑰惟嚴禁下海通番的結果，外國船舶不至，兩廣軍餉失去資助財源，故當吳廷舉於正德十二年（一五一七）擔任廣東布政使時，又請立番船交易一切之法，命諸外國進貢並裝貨船舶榷十之二解京，及存留餉軍者俱如舊例，勿執近例阻遏。⑱廷舉之建議被付諸實施以後，番船便不絕於海澳，而蠻夷雜沓於州城。⑲但經由廷舉之建議實施的一切交易之法，旋因佛郎機人之東來，及廷舉之轉任湖南而發生變化。所謂佛郎機，就是葡萄牙，亦即 Frank 或 Frangi（波斯文）之音譯。

如據戚其章的研究，佛郎機人之首次來華，在明武宗正德九年（一五一四）。當時該國軍官阿爾瓦列斯（Jorge Alvares）船行到廣東屯門，進行窺探。之後，其麻六甲總督達爾伯克喀（Jorge de Alboquerque）又連續兩次派遣商船來華，均獲厚利而歸。因此事印證了馬哥孛羅《東方見聞錄》所言不虛，故乃決定派啡瑙．安拉德（Fernao Perez de Andrade）率船八艘來華，以「貢方物」名義，試圖與中國建立正式關係。⑳十二年，佛郎機船隊直駛廣州懷遠驛。藥劑師皮來資（Thomas Pirez）冒充麻六甲貢使來華，事下禮部會議結果，「諭遣還國，其方物給與之」。㉑惟他們並未離去，寅緣鎮守中貴而獲准帶通事火者亞三入京，而安拉德仍留住懷遠驛，「築室立寨，爲久居計」。㉒翌年，其弟西蒙．安拉德（Simao de Andrade）奉命東來接替其位，而駐碇於上川島。西蒙「爲人貪慾無饜，濫施刑罰。甚至僱用華人築壘以自固，致中國官吏迫得起謀驅逐之云」。㉓職是之故，正德十五年（一五二〇）時，御史丘道隆奏請責令佛郎機歸還前此佔據之麻六甲疆土，方許朝貢。御史何鰲謂：

佛郎機最凶狡，兵械較諸番獨精。前歲駕大舶突入廣東會城，礮聲殷地。留驛者違制交通，入都者桀驁爭長，今聽其往來貿易，勢必爭鬪殺傷，南方之禍，殆無紀極。㉔

故乃乞「悉驅在澳番舶及番人潛居者，禁私通，嚴守備，庶一方獲安。」㉕正德十六年（一五二一），明廷將火者亞三處死，皮來資押往廣州監禁，並下令驅逐盤踞廣東屯門的佛郎機殖民者。㉖廣東海道副使汪鐄，奉命率兵進攻，卻遭彼等負隅頑抗，恃其精利火炮猛轟明軍。汪鐄以爲硬攻難以取勝，乃採長期圍困辦法，於明年收復屯門。同年十月，佛郎機殖民軍遂逃回麻六甲。

佛郎機國王對此一挫折並不氣餒，復命米爾丁・甫思多梅爾（Martin Alfonso de Mell Coulinho）及別都魯（Pedro Hamen）率船四艘東來，要求與中國簽約，准許其國人長期駐守屯門。嘉靖元年（一五二二）七月，更以接濟貢使爲藉口，携其土產求市。守臣請如其他國家一樣，以抽分方式處理，但詔復拒之。因此，米爾丁決定訴諸武力，與前此自屯門逃回之殘餘力量結合，並命別都魯率船五艘，於二年向廣東新會之西草灣進犯。備倭指揮柯榮，百戶王應恩，率部下抗擊。轉戰至稍州。向化人潘丁苟先登，衆兵齊進，生擒別都魯、疎世利等四十二人，斬首三十五級，俘被掠男婦十一人，獲其二舟。㉗餘賊米爾丁・甫思多梅爾等復率三舟接戰，火焚明軍先前所獲之舟，百戶王應恩陣亡，餘賊亦逃遁。

佛郎機人未能遂其初衷，故除留一部分住澳門西南的浪白澳外，餘皆轉向閩、浙沿海一帶活動。而福建漳州的月港，泉州的浯嶼，和浙江寧波的雙嶼等地，俱成爲他們走私貿易的活躍地區。抑有進者，他們更以雙嶼爲據點，設立行政機構，企圖永久佔領。他們一面大規模進行走私活動，一面公開搶刼。㉘貨盡將去之時，每每肆行刼掠，㉙而習以爲常。尤有甚者，還與海寇、海盜相互勾結，掠賣人口，禍害平民，年甚一年，日甚一日，沿海荼毒，不可勝言。㉚因此，佛郎機人的這些不法行爲，也被當時的中國人目爲倭寇之勾當。

當佛郎機人與明軍發生戰鬪時，又有前舉日本貢使宗設謙道與宋素卿因互爭貢使及待遇不公問題而引起的寧波事件。當此兩事件發生以後，明廷的海禁趨於嚴厲。嘉靖四年（一五二五），命毁福建、浙江沿海居民所有雙桅海船；違者，即使其所載物品非番貨，亦以番貨論罪。㉛八年，更禁沿海居民私充牙行（掮客），居積番貨，以爲窩主。勢豪之家的違制大船，悉報官拆毁，以杜後患。㉜迄至十二年九月，又重申前令。㉝由於海禁驟嚴，瀕海居民驟失重利，故其狡黠者遂干犯禁令下海，從事私販——走私，與日本人、佛郎機人等在雙嶼、月港、浯嶼等處會市。只因內外勾結，日甚一日，朝廷禁令愈嚴，其所獲利益愈多，而下海通番者亦愈夥。㉞所以巡按御史楊九澤奏謂：

> 浙江寧、紹、台、溫，皆枕山瀕海，連延福建福、興、泉、漳諸郡，時有倭患。沿海雖設衛、所城池，控制要害，及巡海副使（御史）備倭都司，督民捍禦，但海寇出沒無常，兩省官僚不相統攝，制禦之法，終難畫一。往歲從言官請，特命重臣巡視，數年安堵。近因廢格，寇復滋蔓。抑且浙之處州，與福之建寧，連歲礦寇流毒，每徵兵追捕，二府護（互）委事，與海寇略同。臣謂巡視重臣，亟宜復設。然須轄福建、浙江，兼制廣東潮州，專駐漳州，南可防禦廣東，北可控制浙江，庶威令易行，事權歸一。㉟

事下兵部，集諸司覆議結果，採納楊九澤的意見，但廣東潮州、惠州兩府則仍隸兩廣總督，有事則同心協力議處。世宗批曰：

> 浙江天下首省，又當倭夷入貢之路，如議設巡撫，兼轄福建福、興、建寧、漳、泉等處，提督

軍務，著爲例。㊱

於是命巡撫南贛副都御史朱紈爲浙江巡撫，擔負取締倭寇之大責重任。㊲時在二十六年七月。

如據朱紈《甓餘雜集》及《明史》，卷二〇五，〈朱紈傳〉的記載，當時中國奸民之勾結日本人及佛郎機人到中國貿易的，以閩人李光頭，歙人許棟（許三）踞寧波之雙嶼爲主，司其質契。勢豪之家護持之，漳、泉爲多，或與通婚姻，假濟渡爲名，造雙桅大船，載運違禁物品，而官吏不敢詰。㊳如有人欠其貨款，棟等即誘夷人攻剽。負欠貨款者即威脅債主將通知官府緝捕而加以驅逐。一旦官府遣將派兵捉拏，則又洩漏師期，使之逃走，並與之約定他日償還。他日債主至，復用同一技倆而負欠如初。因此，日本人大爲怨恨，益與許棟等合。

朱紈擔任巡撫以後，爲瞭解海防設施情形，乃前往各地檢閱、巡視。結果發現如下之嚴重事態：

軍國之需，重務也，徵收之限，重法也，惟福建則今年秋成始徵去年額派，逋負相繼，侵欺莫稽。即此一事，有司之職守可知也。如總督備倭官黎秀，奉有專勅，以都指揮體統行事。海防，其職守也，臣相見之初，問軍數不知，問船數不知。及令開報，則五水寨把總官五員，尚差職名二員，餘謄舊冊而已，稍加較對，通不相合。總督如此，其他可知。又如漳州衛與漳州府同城，官軍月糧少派三箇月。至於銅山等所缺支二十箇月，泉州高浦等所缺支一十箇月，其餘多寡不等，無一衛一所開稱不缺者，又如戰哨等船，銅山寨二十隻，見在止有一隻，玄鍾澳二十隻，見在止有四隻，浯嶼寨四十隻，見在止有十三隻，見在者俱稱損壞未修，其餘則稱未造。又如巡簡（

檢)司,在漳州沿海者九,龍鎭等處共一十三司,弓兵九百五十名,見在止有三百七十六名;在泉州沿海者苧溪等處共一十七司,弓兵一千五百名,見在止有六百七十三名。㊴

當時東南沿海地方的武備既然如此廢弛,則倭寇剽掠之能夠常得志,自非偶然。在此情形下,他們益無所懼,來者接踵。

朱紈執行海禁時採按察司僉事項喬(一作高)及士民之意見,以爲不革渡船,則海道不可清;不嚴保甲,則海防不可復,而上疏具列沿海地區奸民通倭情狀。㊵於是革渡船,嚴保甲,搜捕奸民。閩人向來資衣食於海,卻由於紈之嚴海禁而驟失重利,雖士大夫之家,也因此財路斷絕而頗感不便。

朱紈擔任巡撫以前的二十六年十一月,日本貢使策彥周良以四船六百人先期而至。守臣阻之,則以無順風東返爲藉口,不肯離去。㊶紈奉詔便宜處分。紈忖度難令其回還,乃要周良自請,後不爲例。錄其船,延良入寧波賓館,使其等候貢期。但不滿紈之嚴行海禁的奸民竟投書給周良,以激其發動變亂,但紈防範嚴密,奸計終不得行。㊷

二十七年,紈欲進攻雙嶼,以掃蕩倭寇淵藪。乃使副使柯喬,都指揮黎秀,分駐漳、泉、福、寧,阻遏倭寇奔逸;使都司盧鏜率領福清兵由海門前進。夏四月,鏜遇倭賊於九山洋,俘日本人稽天,許棟亦就擒。結果,「二十年盜賊淵藪之區,至是始空矣!」㊸棟黨王直等率其餘衆遁往他處,紈乃令鏜聚椿採石,塡塞雙嶼港,使外國船隻之後至者無法進入港內,以靖海道。㊹

雙嶼一傾,勢豪之家失利,怨讟四起,故宣言被紈所擒者皆良民,非賊黨,以搖惑人心。又挾制有司，脅迫他們將人犯從輕發落，其罪重大不可赦者，引用強盜拒捕的刑罰來處置。面對此一問題，紈乃上疏曰：

今禁海界限分明，不知何由被虜，何由脅從？謂登岸脇虜，不知何人知證，何人保勘？若以入番導寇爲強盜，海洋對敵爲拒捕，不知強盜者何失主，拒捕者何罪人？皆臣之所未解。㊺

遂以便宜行戮而不理會謗言。且曰：

去外國盜易，去中國盜難；去中國瀕海之盜猶易，去中國衣冠之盜尤難。㊻

而將涉案的勢豪之家的姓名錄列呈上，所以閩、浙人士益發憎恨紈，欲使之失位而後快。當此之時，出身福建的御史周亮，給事中葉鏜，竟先後上書言以紈爲巡撫之不妥。亮謂：「紈之職務原係浙江巡撫所兼轄者，止於福建海防。今每事遙制諸司，往來奔命，大爲民擾」。葉鏜則謂：「紈以一人兼轄二省，非獨閩中供應不便，即如近日倭夷入貢，艤舟浙江海口，而紈方在福建督捕惠安等縣流賊，彼此交急，簡書狎至。紈一身奔命，已不能及矣。現今閩、浙既設有海道專官，若用人得當，自不必用都御史，若不得已，則不如兩省各設一員，使之分別負責各該省之防倭工作」。吏部覆議結果，竟採用周、葉兩人之意見，奏改紈爲巡視，以殺其權。㊼因此，紈乃於二十八年三月上疏曰：

臣整頓海防稍有次第，而周亮乃欲侵削臣權，謂一御史按之有餘，以致屬吏遂不用命。㊽

旋又陳：明國是、正憲體、定紀綱、扼要害、除禍本、重斷絕六事㊾而語多憤激，然因朝廷中人已先聽信閩、浙人士之言，故亦有不悅紈者。

雙嶼既克，佛郎機人與日本人之逃出者南竄福建，企圖盤踞泉州浯嶼和漳州月港。紈移師南下，乃竄往走馬溪。二十八年三月，佛郎機人行刼至詔安。紈擊擒其首領李光頭等四十六人，復以便宜戮之。具狀以聞，語復侵勢豪之家。(50)四月，盧鏜與福建按察司、巡視海道副使柯喬等率兵攻之。一船先登，衆船蟻附。彼有大銃，不及灼火，礦弩不及發機。死者胥溺，生者就擒。(51)此次戰役共殺賊三十三名，俘擄二〇六人。賊夷去者遠遁，而留者無遺；死者落水，而生者就縛。全閩海防，千里肅清。(52)雖然如此，御使陳九德竟羅織其罪，使之失位。明廷命兵科都給事中杜汝禎按問。紈聞之，遂製〈壙志〉，作〈俟命詞〉，(53)仰藥而死。自此以後，不置巡撫者凡四年，海禁復弛，亂亦滋甚。

三、靖倭督撫之更迭

自從嘉靖初年因中國奸民勾結佛郎機人與日本人騷擾中國東南沿海以後，便又嚴行海禁，故私販活動轉趨猖獗。東南沿海所在通番，而以閩、浙爲尤甚。此一時期的私販活動，與以往沿海居民之爲生計所迫，冒禁下海者有異，乃是許多勢豪之家，及私梟船主結合上層勢力，交通官府，挾制有司，包庇窩藏，公然進出海上。《明史》〈日本傳〉云：

> 祖制，浙江設市舶提舉司，以中官主之，駐寧波。海船至則平其直，制馭之權在上。及世宗，盡撤天下鎮守中官，並撤市舶，而濱海奸人遂操其利。初，市猶商主之，及嚴通番之禁，遂移之貴官家，負其直者愈甚。索之急，則以危言嚇之，或又以好言紿之，謂我終不負若直。倭喪

其貲，不得返，已大恨。而大奸若汪（王）直、徐海、陳東、麻葉輩，素窟其中，以內地不得逞，悉逸海道爲主謀。倭聽指揮，誘之入寇。海中巨盜，遂襲倭服飾、旂號，並分艘掠內地，無不大利，故倭患日劇。

此言倭寇猖獗的原因。《嘉靖東南平倭通錄》嘉靖三十一年四月條則云：

初，朱紈既卒，罷巡撫不復設，又以御史宿應參之請，復寬海禁。而舶主、土豪，益連結倭賈，爲奸日甚。官司以目視，莫敢誰何。

此言朱紈死後倭寇猖獗的原因。此固言因當事者採取與朱紈相反的政策，不僅放寬海禁，而且「罷巡視大臣不復設，中外搖手，不敢言海禁事」[54]，致倭寇肆無忌憚，但貴官家、富室與倭寇狼狽爲奸，才是使沿海郡縣的治安工作益發困難，[55]引發此一大動亂的最主要因素。該書卷首亦云：

凡番貨至，輒賒與奸商，久之，奸商欺冒，不肯償。番人泊近島，遣人坐索，不得。番人乏食，出沒海上爲盜。久之，百餘艘，盤據海洋，日掠我海隅不肯去。小民好亂者，相率入海從倭。兇徒、逸囚、罷吏、黠僧，及衣冠失職書生，不得志群、不逞者，皆爲倭奸細，爲之鄉導。於是王五峰、徐必（碧）溪、毛海峰之徒，皆我華人，金冠龍袍，稱王海島，攻城掠邑，莫敢誰何。

《明史紀事本末》，卷五五，〈沿海倭亂〉更云：

自罷市舶後，凡番貨至，輒主商家。商率爲奸，利負其直，多者萬金，少不下數千。索急，則避去。已而主貴官家，而貴官家之負甚於商。番人近島坐索其負，久之不得。乏食，乃出沒海上爲盜。輒搆難，有所殺傷。貴官家患之，欲其急去，乃出危憾當事者，謂番人泊近島殺掠人，而不出一兵驅之，備倭當固如是耶？當事者果出師，而先陰洩之，以爲得利。他日貨至，且復然。如是者久之，倭大恨，言挾國王資而來，不得直，曷歸報？必償爾金寶以歸。因盤踞島中不去。並海民生計困迫者糾引之，失職衣冠士，及不得志生儒，亦皆與通，爲之鄉導，時時寇掠沿海諸郡縣。

而說明朱紈失位以後發生大動亂的由來。

嘉靖三十一年四月，倭寇台州。巡按御史檄知事武緯防禦。緯突入賊中。賊之伏兵忽起，官軍潰敗，緯陣亡。在此一時期，前舉王直之黨徒徐惟學（碧溪）、毛勳、徐海、彭老等不下數千人，俱列兵近港，乘巨船，爲水寨，且築屋於港上諸山。時時出入近洋，掠我居民。至此更登陸，犯台州，破黃巖縣，殺掠甚慘。復四散大掠象山、定海。(56)

七月，浙江巡按御史林應箕上奏倭寇焚刼地方的情狀，因參署海道副使李文進，分巡副使谷嶠，僉事李廷松，分守參議李龍（寵），顧問備倭把總等官周應禎、周奎、楊材等，各失事，當處分；給由海道副使丁湛，新推備倭都指揮張鐵（一作鉄），皆臨難規避，應並罰。於是給事中王國禎，御史朱瑞登等，便交章請復設都御史。疏下吏、兵二部覆議結果，以爲王國禎等人之意見頗有道理。惟巡視都御史必當兼假以巡撫總督之權，使之節制諸省，方可責其成功。其閩、浙二省，仍各設參將一員，駐箚邊海地方。世宗聽從其議，暫設巡視浙江兼管福、興、漳、泉提督軍務大臣一員，令吏部推舉堪任此一職務者，星馳赴任，督兵勦賊，其兼管巡撫等項，須待賊平議處。其於勦倭失事之丁湛等人，則按其情節之輕重分別予以懲處。㊼並以都御史王忬巡視浙江海道，及福、興、漳、泉地方。忬尋被改爲巡撫。㊽

王忬擔任巡撫以後，奏釋坐贓累繫於獄中之參將尹鳳，及坐朱紈事被繫於獄中之都指揮盧鏜等人爲副將，並募沿海壯民與狼、土兵，使之分別率領，每日犒撫激勵，欲得其死力。㊾又鑒於明初建衛所四十有一，設戰船四百三十有九，董以總督備倭都司巡視海道副使控制外夷，至爲周密。但後來因海波不驚，戒備漸弛，伍籍日虛，樓櫓朽弊。遇警輒以漁船應敵，號曰私哨，而官船廢。㊿而今雖然海波屢揚，邊備廢弛，但登陴之士卻十無一二。乃由於逃亡者過半，致實在守城者僅餘數人而已。(61)故乃根據浙江等處分守寧紹台道左參議李寵等會呈，由巡按浙江林御史牌行各道，以查沿海寧波府所屬慈谿、奉化、象山三縣，台州府所屬寧海、黃巖、太平三縣，原無城牆，故是否應築砌而疏請早日決定，俾免貽地方之禍。(62)此一建議當爲明廷所接受。除上述六縣外，王忬也曾先後修築平湖、蕭山、餘姚諸縣城，以固海防。(63)並且爲鞏固海防，除防禦設施外，他認爲如能除去內奸，則外寇自杜。故乃上陳：申明律以正刑求，定新例以嚴接濟，懲首惡以絕禍本，照邊例以便發軍，密機宜以調客兵，嚴會哨以靖海氛，選良吏以清盜源，布寬令以收反側，議稅課以助軍餉等以防軍機。(64)

王忬上任以後，雖爲鞏固海防而殫精竭慮，但他奉命負責勦倭工作時，不僅倭寇已相當難制，而且賊首蕭顯等復糾合日本人，及福建漳、泉等地之群盜，連艦百餘，蔽海而至，致沿海數千里，同時告警。⑥⑤昌國衛既爲賊所陷，上海、南匯、吳淞、乍浦、嵊嶼諸所亦被其攻破，而蘇、松、寧、紹諸衛、所、州、縣之遭焚掠者也多達二十餘。賊留內地凡三月，掠足後揚長而去。⑥⑥迄至三十二年正月，賊自太倉掠蘇州，攻松江，復趨江北，薄通州、泰州。四月，陷嘉善，破崇明，復薄蘇州，入崇德縣。六月，由吳淞江掠嘉興，還屯柘林。縱横來往，如入無人之境。⑥⑦當時歙人王直的勢力非但已強大到可以指揮群倭，而且以日本九州之五島（長崎縣）爲其根據地發號施令，更被目爲倭寇王。直在五島煽動諸倭入寇之際，徐海、陳東、麻葉之輩，復以柘林、乍浦、川沙窪等地爲其巢穴，日擾郡邑。⑥⑧在此情形之下，王忬亦不能有所爲，復因御史趙炳然劾其失事之罪，故忬因而失位，惟世宗特宥忬，未予懲處。當時適逢大同發生寇亂，督撫蘇祐、侯鉞俱被逮捕，乃進忬爲右副都御史，巡撫大同。⑥⑨

三十三年（一五五四）五月，明廷以倭寇猖獗而設總督大臣，命南京兵部尚書張經不解部務，總督江南、江北、浙江、山東、福建、湖廣諸軍，便宜行事。王忬改撫大同以後的遺缺，則由右僉都御史李天寵繼任。⑦⓪同年十月，因兵科之言，並經廷議結果，改張經爲右都御史兼兵部右侍郎，專辦討賊。⑦①

張經在擔任總督前夕曾上言：

> 國初洪武間，以倭夷不靖，遣信國公湯和經略海防，凡閩、浙濱海之區，陸有成（城）守，水有戰舡，故百餘年來，寇不爲害。其後法弛弊生，軍士有納料放班之弊。于是強富者散遣，老弱者哨守，船舡損壞，亦棄不修，以致寇得乘之而入。請行各處巡撫嚴督所屬，預集兵舡，以

守要害。追補納料軍士，以實行伍，清理積歲料銀，以造戰舡。(72)

又言：

南京營卒，逃故數多，邇來倭寇震鄰，防守缺人。乞將各衛所原報冊籍，凡義男、女婿有名者，一體選收入伍，待事寧之日，去留再議。仍請貸支兵部草場銀，及南京戶部糧草折銀共二萬兩，委官于京城內外，及宿、邳等處招募驍勇，充爲前鋒；召原任指揮韓璽、路正督操，以備征調。(73)

事下兵部覆議結果，其意見爲明廷所採納。

當張經經廷議改爲總督之際，給事中王國禎、賀涇，御史溫錦葵等人復建議遣御史及兵部職官往山東募兵，聽張經調度。(74)未幾，募兵參將李逢時、許國率山東民槍守六千人至，與賊遇於新涇橋。逢時率其麾下先進，敗之。賊退據羅店鎮，官軍追及之，擒斬八十餘人。(75)山東兵復追擊倭寇，至採淘港，乘勝深入，中伏兵而大潰。溺斃者千餘人，指揮劉勇等陣亡。初時，新涇之捷，李逢時之功居首，許國恨逢時與之同事而不先約己，乃另從間道襲賊，欲以之分逢時功。適逢日暮，下大雨，劉勇之兵先陷沒，諸軍繼之，皆倉卒不整，遂大敗。(76)

之後，倭寇二萬餘，盤踞柘林、川沙窪，其黨徒方踵至。經每日選將練兵，爲搗賊巢計。前此，經曾徵兩廣狼、土兵及其他各地兵聽用，惟尚未抵江南。經以江、浙、山東兵屢敗，欲俟狼、土兵至，用之。三十四年三月，田州瓦氏兵先至，欲速戰，經以爲不可。所謂瓦氏，即廣西田州土司岑彭之妻，繼瓦氏之後，東蘭兵至。經以瓦氏兵隸總兵俞大猷，以東蘭、那地、南丹兵隸游擊鄒繼芳，以歸順及思恩、東莞兵隸參將湯克寬，分屯金山衛、閔港、乍浦，三面犄賊，以待永順、保靖兵之集結，⑰然後一舉蕩平。

正當張經積極布署，俟永順、保靖兵前來，欲一舉蕩平倭賊之際，工部右侍郎趙文華以祭海至江南，而與浙江巡按御史胡宗憲沆瀣一氣，屢促經進兵。經曰：「賊狡且衆，待永、保兵至，夾攻，庶萬全」。雖然如此，文華卻仍一再促其與賊戰，經則守便宜之計而不爲文華所動。因此，文華乃密疏經糜餉殃民，畏葸失機，欲俟倭賊飽掠遠颺後，方纔剿餘寇以報功，故宜亟治，以紓東南之禍。世宗即以此事垂問嚴嵩。嵩不僅以文華密疏內容回答，更言：「蘇、松人怨經，不可復留；宜與湯克寬俱逮京鞫訊，以懲欺怠」。⑱結果，世宗竟聽信其言，詔錦衣衛遣官校逮經及克寬回北京鞫問。⑲有關此一方面的問題，容於後文再予討論。

張經以莫須有之罪名被逮以後，擢巡撫蘇、松諸府右僉都御史周琉爲兵部右侍郎代之。但琉在剿倭工作上既無值得一提之表現，當時的浙江巡撫胡宗憲又覬覦此一職務，故宗憲之同黨趙文華乃予推薦，琉則被勒爲民。⑳琉之在位，前後僅三十四日而已，㉑惟宗憲並未達到目的。

周琉被黜以後，由南京戶部右侍郎楊宜擔任總督。宜擔任此一職務時，賊勢已蔓延，江、浙無不被蹂躪。新到之倭益衆，益肆毒。倭來時，每自焚其舟，登岸刼掠。自杭州北新關向西剽掠至淳安，突襲徽州歙縣，至績溪、旌德，㉒經由涇縣趨南陵，遂至蕪湖。縱火燒南岸，突然渡北岸入市。各商民、義勇登屋以瓦、石、灰罐擊之，賊多傷者，遂奔往太平府。犯江寧鎮，徑侵南京。賊酋身著紅衣，乘馬，張黃蓋，整衆犯大安德門。官軍自城上以火銃擊之。賊沿外城小安德門，及夾岡，往來窺覘。會城中獲其所遺諜者，賊乃引衆由舖岡趨秣陵關。⑧³由溧水流刼溧陽、宜興。聞官兵自太湖出，遂越武進，抵無錫，駐惠山，一晝夜奔一百八十餘里，抵滸墅。爲官軍所圍，追及於楊林橋，予以殲滅。此次戰役，賊不過六七十人，而經行數千里，殺戮、戰傷者幾四千人，歷八十餘日始滅，⑧⁴此乃三十四年八月之事。其殲此賊者爲蘇松巡撫曹邦輔，及僉事董邦政，把總樓宇等人。

此次戰役，侍郎趙文華欲攘其功，但曹邦輔捷書已先奏，文華大恨。因倭以陶宅爲巢，文華乃大集浙、直兵，與胡宗憲親自率領，復約邦輔會剿，分道並進，在松江之甎橋紮營。倭悉銳來攻，遂大敗。文華氣奪，賊勢益熾。十月，倭自樂清登岸，流刼黃巖、仙居、奉化、餘姚、上虞，被殺擄者無筭。至嵊縣始將其殲滅。此賊亦不滿二百人，竟深入三府，歷五十日始平。⑧⁵其先一支則自山東日照流刼東安衛，至淮安、贛榆、沭陽、桃源至清河，爲雨所阻，遂爲徐、邳官兵所滅。亦不過數十人，流害千里，殺戮千餘。⑧⁶而文華自甎橋之敗，見倭寇勢甚猖獗，而自己又無尺寸功，始知賊未易圖，即有歸志。及十一月，川兵破周浦賊，俞大猷復有海洋之捷，乃言水陸成功而疏請還朝。文華還京後，世宗諭大學士嚴嵩，問文華南寇始末之際，文華竟言督撫非人，不能調度兵員，請黜宜以宗憲代之。⑧⁷

宗憲經文華推舉擔任總督後，用計離間渠魁徐海、陳東等，使之反目。結果，海被偪殺，孽黨無不就擒，而麻葉等五賊首則被斬於嘉興北教場。⑧⁸宗憲復遣人赴日招諭倭寇頭目王直返國，三十六年九月，將其收禁於浙江按察司獄，終於三十八年十二月二十五日將其斬首於杭州官港口。

直入獄後，其黨徒旋焚舟登山，據舟山群島之岑港堅守。逾年，新倭大至，屢寇浙東三郡。其在岑港者，徐移之柯梅，造新舟出海。宗憲未予追緝。三十六年十一月，賊揚帆南去，泊泉州之浯嶼，肆虐閩地。至四十年，浙東、江北諸寇以次平。宗憲坐貪贓罪被捕。四十一年，倭賊陷興化府，大肆殺掠，並移據平海衛不去。前此，倭寇之犯浙江，破州、縣、衛、所城雖以百數，卻未有破府城者。及興化府城被陷，遠近震動。明廷乃亟徵俞大猷、戚繼光、劉顯諸將合擊，破之。其侵犯他州、縣者，亦陸續爲諸將所滅，福建亦平。

得在此附帶一提的是：倭寇之蹂躪蘇、松，起於嘉靖三十二年（一五五三），迄於三十九年（一五六〇）。其間，爲巡撫者十人。安福彭黯，遷南京工部尚書。畏賊，不俟代職者即去，下獄除名。黃岡方任，上虞陳洙，皆未抵任。任丁憂，洙以才不足任，別用。而代以鄞人屠大山，使提督軍務。蘇、松巡撫之兼督軍務，自大山開始。經半載，以疾免。尋坐失事，下詔獄，爲民。繼之者周珫。繼珫者曹邦輔。邦輔因趙文華之搆陷，下詔獄，謫戍朔州。其次爲眉州張景賢，以考察奪職。其次盩州趙忻，坐金山軍變，下獄貶官。其次江陵陳錠，數月罷去。其次翁大立，當大立爲巡撫時倭患已息，而坐惡少鼓譟爲亂，竟罷職，故無一非得罪去職者。(90)

表一：嘉靖三十年代浙江巡撫更迭情形

姓名	就任日期	去職日期	去職原因	備註	典據
朱紈	二十六年七月庚戌朔丁巳	二十八年四月庚子朔庚戌	爲監察御史陳九德，給事中杜汝禎所搆陷。	巡按御史周亮，給事中葉鏜曾奏改爲巡視，以削其權。仰藥自殺。	明世宗實錄 明史朱紈傳 甓餘雜集
王忬	三十一年七月辛巳朔壬寅	三十三年六月庚午朔壬辰	御史趙炳然劾其勦倭失利。	三十二年七月改爲巡撫。去職後改撫大同，因北虜入侵，御史劾其罪，論斬。	明史王忬傳 日本傳 國榷
李天寵	三十三年六月庚子朔壬辰	三十四年六月甲子朔壬午	工部右侍郎趙文華劾其嗜酒廢事。	被逮下獄，論斬。	明世宗實錄 明史李天寵傳、日本傳
胡宗憲	三十四年六月甲子朔壬午	三十五年二月庚寅朔戊午	遷爲浙江總督	因涉羅龍文案，爲御史汪汝正所劾下獄，瘐死獄中。	明世宗實錄 明史胡宗憲傳、日本傳
阮鶚	三十五年三月庚申朔乙丑	三十六年正月乙卯朔丁卯	因趙文華舉薦，改任福建巡撫。	去職後職務由胡宗憲兼理。後因斂民財以千萬計，被黜爲民。	明世宗實錄 明史阮鶚傳 日本傳 國榷

表二：嘉靖三十年代應天巡撫更迭情形

姓名	就任日期	去職日期	去職原因	備註	典據
彭黯	三十年一月己丑朔乙卯	三十二年十一月癸卯朔丙辰	遷南京兵部尚書	倭患，下南京法司。削籍。	明世宗實錄 明史楊宜傳 日本傳 國榷
方任	三十二年十一月癸卯朔辛酉		丁憂	未抵任	明世宗實錄 明史楊宜傳 國榷
陳洙	三十二年十二月癸酉朔丙申		才不足任，別用	未抵任	明世宗實錄 明史楊宜傳 國榷
屠大山	三十三年三月辛丑朔甲辰	三十三年八月己巳朔丁亥	以疾免	尋坐失事下詔獄	明世宗實錄 明史楊宜傳 國榷
周珫	三十三年八月己巳朔庚寅	三十四年五月甲午朔己酉	爲趙文華所陷	後來削職爲民	明世宗實錄 明史周珫傳 日本傳 國榷
曹邦輔	三十四年五月甲午朔丁巳	三十五年二月庚寅朔戊午	爲文華所陷	下詔獄，謫戍	明世宗實錄 明史曹邦傳 日本傳 國榷

張景賢	三十五年二月庚寅朔戊午	三十六年二月乙酉朔戊申	給事中蘇景和劾其貪墨	以考察奪職	明世宗實錄 明史楊宜傳 國榷
趙忻	三十六年三月甲寅朔	三十七年十一月甲戌朔	坐金山軍變	下獄貶官	明世宗實錄 明史楊宜傳 國榷
陳錠	三十七年十一月甲戌朔癸未			數月罷去	明世宗實錄 明史楊宜傳 國榷
翁大立	三十八年五月壬申朔丁丑	三十九年三月丁卯朔乙未	坐惡少鼓噪爲亂	罷職	明世宗實錄 明史楊宜傳 國榷

表三：嘉靖三十年代靖倭總督更迭情形

姓名	就任日期	去職日期	去職原因	備註	典據
張經	三十三年五月庚子朔丁巳	三十四年五月甲午朔己酉	工部右侍郎趙文華劾其畏巽失機玩寇殃民	械繫至京，下獄論死	明世宗實錄 明史張經傳 日本傳 國榷
周珫	三十四年五月甲午朔己酉	三十四年六月甲子朔壬午	爲工部右侍郎趙文華所劾	削籍	明世宗實錄 明史周珫傳 日本傳 國榷

楊　宜	三十四年六月 甲子朔壬午	三十五年二月 、庚寅朔己亥	御史邵惟中論其 闇淺	奪職閒住	明世宗實錄 明史楊宜傳 日本傳 國榷
王　誥	三十五年二月 庚寅朔壬寅	三十五年二月 庚寅朔戊午	受吏部尚書李默 被趙文華所誣之 累	留在原職—戶部右侍郎	明世宗實錄 國榷
胡宗憲	三十五年二月 庚寅朔戊午		倭患已息		明世宗實錄 明史胡宗憲 傳、日本傳 國榷

四、趙文華督察軍情

當要考察趙文華下江南督察軍情之前，擬略述他在此以前的作爲，如此，當可瞭解他到江南以後，何以敢肆無忌憚的頤指氣使靖倭督撫的原因之一端。

趙文華，浙江慈谿人。嘉靖八年（一五二九）進士。授刑部主事。以考察謫東平州同知。久之，累官至通政使。如據《明史》，卷三〇八，〈奸臣傳．趙文華傳〉的記載，文華性傾狡，未中進士時在國學，嚴嵩爲祭酒，欣賞其才華。後來在朝廷爲官，而嵩之權、位日隆，遂相與結爲父子。嵩念己作惡多，得有私人在通政司，凡彈劾自己之章疏至，可預為計謀，故安排文華擔任通政使之職。

文華欲自己討好世宗，乃進百花酒，詭稱：「臣師嵩服之而壽」。世宗飲而甘之，乃手勅問嵩。嵩獲勅後頗為驚恐。謂：「文華安可如此」！乃婉轉上奏曰：「臣生平不近藥餌，犬馬之壽，誠不知何以然」。因此，嵩恨文華不先將此事告己，乃召文華而加以斥責。文華被斥，跪泣良久而不敢站起。得徐階、李本等人為其說好話解圍，方纔使其離去。某日，嵩休沐返京，九卿進謁，嵩猶怒文華，故乃命從吏扶出去。文華大窘，文華為獲嵩之諒解，乃厚賂嵩妻。嵩妻教文華伺嵩返家，匿於別室，俟其酒酣，便為文華緩頰，文華即出拜謝己之非，嵩乃待之如初云。後來，以建議築京師外城而被擢為工部右侍郎。㊈

嘉靖三十年代為倭寇最猖獗時期，文華曾針對此一外患疏陳備倭七事。大略謂：

一、祀海神。言：天吳顯靈廟在萊州，請遣官望祭於江陰常熟，以激人心。一、降德音。乞下令有司，掩瘞枯骸，蠲糧稅，省耕農，以于惠元元。一、增水軍。欲多募淮、揚壯健，大修戰艦，以固海防。一、差田賦。按：蘇、松四府民田，一丁過百畝者，重科其賦，更預徵官田之稅三年，以佐軍興。一、募餘力。曉諭富家，有能輸才力自效者，事寧，或與論功，或與釋罪。一、遣視師。言：當事諸臣，以兵為試，須以重臣監督之，乃克成功。一、察賊情。欲招通番舊黨並海鹽徒，易以忠義之名，令其入巢偵伺，因以為間。㊉

疏下兵部覆議結果認為：祀海神、降德音、增水軍、募餘力、察賊情，俱對軍政有裨益，可下督撫之臣，令其斟酌實施。其差田賦一項，恐致擾民，不宜實施。至於遣視師則可行。⑬於是明廷乃遣工部右侍郎趙文華祭告海神，並視察江南賊情。此乃禮部針對前舉文華所條陳禦倭便宜七事中，首請遣大臣祭東海而發布之命令。而文華之所以能夠擔任斯職，乃由嚴嵩薦舉之故。⑭

嘉靖三十年代的倭寇之難於平定，與趙文華之介入討倭工作有密切關係。《明史》〈日本傳〉於記載官軍之懦怯後繼續說：

帝乃遣工部侍郎趙文華督察軍情。文華顛倒功罪，諸軍益解體。（張）經、（李）天寵並被逮，代以周琉、胡宗憲。踰月，琉罷，代以楊宜。

此言相當中肯。文華到江南以後，「益馮寵納賄（於嵩），戰士解體，徵兵半天下而賊勢愈盛，嵩引用匪人之罪也」。⑮

文華受命後，於三十四年四月辛未（七日）至松江祭海神，並督察沿海軍務。他到江南以後，非但未能激勵軍心，奮勇殺敵，反而造成「陵轢官吏，公私告擾，益無寧日」之反效果。文華抵江南當時，倭據川沙窪、柘林爲巢，經冬涉春，新倭復每日均有至此一地區者，故居民甚恐。

如據《明史》〈日本傳〉的記載，倭賊於三十四年正月奪舟犯乍浦、海寧、崇德。又如據《籌海圖編》，卷八，〈寇踪分合始末圖譜〉的記載，則此賊爲徐海之一夥，有關徐海的來歷問題，在此姑且不談。《倭變事略》謂：崇德因初築城未竣工，於九日被攻陷。刼一儒學官，一縣尉，咸予殺害。縣尹惶懼，急忙踰城而出，折臂傷足，扶避村落民家。二十三日，先鋒丁總戎駐兵方準備飲食，會大風起，賊冒穿華人服飾，至軍前紿曰：「寇至矣！」兵方卸甲，置器待食，即錯愕而視。賊伏起掩擊，官軍大潰，覆沒千餘人。由是賊勢益振。掠入雙林，出南潯。湖兵熟於水戰，邀擊頗勝。賊棄輜重二十餘舟，復抵杉青。次日，嘉興兵與賊戰，止獲四賊，而喪師三千，沒官十二員。賊得勝，復還柘林。

(96)

柘林倭，又轉掠塘棲、新市、橫塘、雙林等處，復攻德清縣。殺把總梁鶚，指揮周奎、孫魯，百戶陸陵、周應辰、副理問、陶一貫等。(97)巡撫李天寵束手無策，惟募人縋城，自焚附廓民居而已。總督張經當時駐嘉興，所徵援兵亦不時至，副使阮鶚，僉事王詢，竭力防禦，僅免失陷。(98)徐海一夥於得勝後還柘林。二月二十日，犯平湖，置長梯攻城。城上落大石，殺數賊。賊奔逃，轉掠嘉興府。三月，廣西田州土官岑彭妾瓦氏，應總督張經之徵調，率狼、土兵至，人心稍安。瓦氏善兵，以婦人率兵，頗有紀律，秋毫無犯。(99)如前文所說，張經將其分屬俞大猷，以東蘭、那地、南丹兵隸遊擊鄒繼芳，以歸順、思恩及東莞兵隸參將湯克寬，分屯金山衛、閔港、乍浦，三面犄賊，以待永順、保靖兵來，並以此奏聞。(100)詔賞瓦氏及其孫岑、大壽、大祿，其餘兵員令軍門獎賞。(101)賊聞狼兵至而懼，退保柘林，堅壁不敢出。(102)

當田州瓦氏兵至，等待永順、保靖兵前來之際，趙文華已至江南。張經以爲自己的地位在文華之上，故心中輕視文華。文華不悅。總兵俞大猷遣遊擊白泫等狼兵數隊往來巡哨賊情，乘隙邀擊，稍有斬獲。文華因言狼兵果然可用，而給予優厚犒賞，乃激使其進剿倭賊。及至曹涇，遇倭數百人。文華鼓衆衝戰，不勝，頭目鍾富、黃維等十四人俱歿，傷亡二千餘人。文華恚怒。於是賊知狼兵不足畏，復奔犯浙江，肆掠如故。(103)文華再三促經進兵。經顧慮文華輕淺，洩漏師期，影響討賊，故未將自己計畫告訴文華。僅言：「賊狡且衆，侍永、保兵至，夾攻，庶萬全」。文華再三言，經守便宜不聽。文華益怒，遂密疏劾經，言其「糜餉殃民，畏賊失機，欲俟倭飽颺，剿餘賊報功。宜亟治，以紓東南大禍」。(104)

當文華疏劾經時，永順宣慰司官舍彭翼南，保靖宣慰使彭藎臣，各率兵三千人，致仕宣慰司使彭明輔等率兵二千人，於四月乙丑朔癸未（十九日）俱至松江。(105)五月朔日，柘林倭合新倭四千餘人突犯嘉興。總督張經分遣參將盧鏜等，督促狼、土等兵分由水陸攻擊；保靖宣慰使彭藎臣，與賊遇於石塘灣，大戰，敗之，賊遂走平望。副總兵俞大猷，以永順宣慰司官舍彭翼南兵邀擊之。賊奔回王江涇。保靖兵復急擊其後，賊遂大潰。諸軍擒斬首功，凡一千九百八十有奇，溺水及走死者甚衆。餘賊不及數百，奔歸柘林。(106)此次戰役，被譽爲：「自有倭患以來，東南用兵未有得志者，此其第一功」(107)云。經雖獲偌大戰功，文華卻以密疏誣陷他「糜餉殃民，畏賊失機，欲俟倭飽颺，剿餘寇報功」。「其才足辦也，特家閩避賊仇，故嚄唶縱賊耳」。「宜亟治，以紓東南大禍」。故世宗乃詔錦衣衛將張經及參將湯克寬械繫至京鞫問。(108)四日後，張經疏報平望王江涇大捷。於是兵科都給事中李用敬，給事中閻望雲、顧弘潞、袁世榮、高敏學等因言：

經選（巽）懦失事，罪之成（誠）當。但今獲首功以千計，正倭奴奪氣，我兵激憤之時。宜乘勢搗柘林、川沙窪之巢，以殲醜類。若復易師（帥），恐誤機會。請姑召還錦衣衛使者，待進兵後視其成績與否，從而逮經加罪，未晚也。[109]

世宗非僅未聽用敬等人之言，反而命錦衣衛執他們，各提杖五十，黜爲民。[110]已而世宗懷疑文華奏疏之內容，乃問嚴嵩。嵩即以文華奏疏內容作答，並落井下石，言：「蘇、松人怨經，不可復留。宜與克寬俱逮京鞠訊，以懲欺怠」。結果，經、克寬並獲罪。[111]

且說湯克寬在王江涇一役，係奉張經之命統率廣西土兵屯乍浦，與副總兵俞大猷等相犄角，使倭賊傷亡慘重，其功不小。惟文華搆陷經時，克寬竟遭池魚之殃，以「經惑於參將湯克寬之言，欲俟倭飽載出洋，以水兵掠餘賊報功塞責」，而嚴嵩又作同一內容之報告，致克寬與經同被械繫至京，論死而繫於獄。[112]至於此次戰勝，嵩乃言：「文華、宗憲合謀督兵，環（擐）甲致捷，經聞乃至」，殊失事寔。然狼、土兵實服經威名，經被逮，衆志即泮渙。而後任之周琉、楊宜，皆庸駑非濟變人才，且受制於文華、宗憲。於是倭患日熾，而狼、土兵復爲地方所苦，東南事愈不可爲矣！[113]

在另一方面，當時的浙江巡撫李天寵，也與經、克寬同時爲文華所陷。天寵在徐州兵備副使任內，曾於通州、如皐等地擊退倭寇。三十三年六月，被擢爲右僉都御史，繼王忬之後爲浙江巡撫。當倭賊寇掠紹興時，因將其殲滅而獲賜銀幣。旋倭賊犯嘉善，圍嘉興，刼秀水、歸安等地，副使陳宗夔與賊戰，失利，百戶賴榮華中礮而亡，嘉善知縣鄧植棄城逃走，賊遂得以入城大掠。更有進者，賊復陷崇德，攻德清，殺裨將梁鶚等人。[114]文華因而遂謗天寵嗜酒廢事。世宗聽信文華之言，將天寵革職問罪。[115]如據《明史》〈胡宗憲傳〉的記載，文華之所以劾天寵，乃由於他下江南督察軍務以後，恃嚴嵩內援，凡事肆無忌憚，只有宗憲取寵於他，天寵與經同樣不依之故。

文華既構陷張經、湯克寬、李天寵，使他們入罪，即超擢其同黨胡宗憲爲右僉都御史，以代天寵之職，總督則擢巡撫蘇松右僉都御史周珫爲兵部右侍郎來擔任。

宗憲擔任浙江巡撫後，即覬覦總督職位。因珫上任後在剿倭方面並無所表現，文華遂劾珫，薦宗憲。世宗因而奪珫俸祿，旋將他勒爲民。珫在官僅三十四日，由南京戶部右侍郎楊宜繼其職位，⑯所以宗憲、文華的此一圖謀並未得逞。

倭賊在王江涇敗北後，其餘黨便縱火自焚其巢，駕舟二百餘艘出海東遯。⑰《籌海圖編》，卷一〇，〈大捷考．陸涇壩之捷〉條謂：此賊之一部千餘人流突李搭匯，往泖湖，爲任環敗於陸涇壩而散逸，奔往常州宜興與伯州長興。餘賊則可能與《倭變事略》三十四年五月十一日條所記北沙賊合踪，於二十二日或二十四日經八團圩，至六月二十四日攻省城。崇禎《松江府志》，卷四九，〈兵燹〉所記：

六月二十四日，川沙、柘林賊合踪刼掠杭州，計船七十八艘，繇柳橋入巢踞守。

即相當於此。迄至七月，《明世宗實錄》云：

江南金涇、許浦、白茆港諸倭，俱載舟出海。總兵俞大猷督各水兵，把總劉堂、大雷、余昂等引舟師追及于茶山，縱火焚具（其）五舟。餘賊走馬蹟山、三板沙。我兵復追擊之，壞其三舟，凡斬賊首六十七級，生擒四十二人。是時，江陰蔡港倭亦引舟出洋。我兵分擊于馬蹟、馬圖、寶山等處，共擒斬九十餘賊。值颶風大作，賊舟多溺，官兵船壞損者亦眾。次日，柘林倭亦載舟出洋，爲我兵衝擊，及海風簸蕩，沉沒二十餘舟。餘賊復回泊海港，登岸劫掠。⑱

可見倭賊相繼出海，而爲官軍所敗。八月以後的情形亦復如此。《明世宗實錄》又云：

柘林倭賊載舟出海。僉事董邦政，總兵俞大猷，各督所部水兵分哨擊之，斬首七十有奇，獲船九艘。邦政復以嘉定兵擊賊于寶山，斬首九十八級。⑲

其在溧水之倭則流劫溧陽，趨宜興，至呂亭。聞官兵自太湖出，便取道官路橋黃土，越武進縣境，抵無錫慧山寺，一晝夜奔一百八十餘里。官軍追及，急擊之，賊夜走望亭。次日，至滸墅關。都御史曹邦輔督各官兵圍之。⑳次日，復有來自柘林之開洋賊，因風壞其三舟。餘賊三百餘，自蔡廟港登岸，據之。㉑因此，邦輔乃檄僉事董邦政，把總婁宇，以沙兵擊於滸墅關。初時，賊自宜興奔蘇州，會柘林賊爲風飄旋者三百餘進據陶宅港時，邦輔即慮此二賊如合流，將爲大患，乃親自督導副使王崇古會集各部兵扼其東路，四面蹙之。賊遂逃至五龍橋，復至梅（海）灣山。官兵隨地與競，頗有斬獲。惟太倉衛指揮張大綱被殺，兵卒傷亡亦眾。當時董邦政、婁宇督沙兵守陶宅，邦輔以爲陶宅賊據險且眾，未可進兵。乃召邦政、宇以沙兵助剿。一戰斬首十九級，賊始懼。故奔吳舍，欲潛走太湖，但爲官兵發覺，且追及於楊林橋，盡殪其眾。此賊自紹興高埠奔竄時不過六七十人，卻流劫杭、嚴、徽、寧、太平，至犯南京。經行數千里，殺戮及戰傷者無慮四五千人。凡殺一御史，一縣丞，二指揮，二把總，

八二縣吏，歷八十餘日始滅。⑫²

當邦輔、邦政、宇等人在陶宅剿倭而盡殲其衆時，文華正在浙江。文華欲攘其功，但邦輔捷音先奏，故文華大恨。⑫³文華見調兵四集，即言陶宅倭寇乃柘林餘孽而可以取勝。浙江巡撫胡宗憲迎合其意，因大言「寇不足平」以悅其心。於是文華遂悉簡浙兵之精銳，共得四千人，由文華、宗憲親自率領，營於松江之磚橋。因約邦輔以直隸兵會剿。並約定時間，浙兵分三道，直兵分四道，東西並進。倭賊盡出其精銳來衝，結果，浙江諸營皆潰。浙江領兵指揮邵昇、姚泓，直隸領兵千戶劉勳俱死。官軍擠沉於水，及自相蹂踐，死者甚衆，損失軍士凡一千餘人，直兵亦陷賊伏中死者二百餘人。自此以後，賊勢益熾。⑫⁴此次戰敗，固應歸咎於文華因未能分享陶宅之役的戰功而惱羞成怒，致未能衡量賊情而輕率舉兵，反爲賊黨所乘。事後他非但未反省己過，反而一如往日，將責任歸諸他人。他劾邦輔、邦政曰：

柘林餘賊復巢陶宅。臣同浙江巡撫胡宗憲督兵四千，來松江會剿。而應天巡撫曹邦輔，僉事董邦政，不協力進兵，顧乃避難趨易，僥倖功捷，乞加懲究。⑫⁵

事下兵部會議結果，覆曰：

文華所謂趨易，蓋指蘇州之寇而言；所謂避難，蓋指陶宅之寇而言。竊計二寇多寡雖殊，此量聲勢，不宜分難易論。若使合而爲一，以流劫者之慓悍，濟屯聚者之蕃眾未免（逸），益復滋蔓難圖。乃今蘇州之寇，剿滅無遺，陶定（宅）之寇自然勢孤氣沮，驅除爲易。今第宜令董邦

> 政戴罪自效，務將陶宅之寇亟行殄絕。俟事平之後，總較功罪，然後賞罰可得施也。(126)

但世宗竟頒詔下邦政於總督都御史逮問。文華不僅自己搆陷邦輔、邦政，復嗾使總督楊宜排斥邦政。宜雖知邦政之功，卻恐失文華歡心而發違心之論以和之。(127)

當邦輔、邦政被陷害之際，浙江紹興府知府劉錫，也因文華陷害而被逮至京。《明世宗實錄》云：

> 浙江紹興府知府劉錫，被逮至京。錫惟性亢傲不達，爲趙文華所憎。會倭自高埠迯蟶浦，鄉官御史錢鯨遭之，見殺。文華遂用爲錫罪，言其娟功縱寇。及是逮至，竟發充邊衛軍。(128)

據此以觀，文華對一切不合己意的行爲或人物都要加以陷害。

文華經陶宅之敗以後才知倭寇不易消滅，即有歸志。及閏十一月，川兵破周浦賊，(129)俞大猷復有海洋之捷，文華遽言：「水陸成功，江南清晏。臣違闕日久，請歸供本職。」(130)文華雖如此說，但此時海洋回倭泊浦東川沙舊巢，及嘉定高橋，皆有倭盤據而新來之倭日衆，浙東西破軍殺將，羽書沓至。文華乃以寇息奏聞，其欺誕若此。(131)

楊宜雖繼周琉之後擔任總督，但闇淺無大略，不足應變。當時海警甚熾，所徵川、廣、湖、貴及閩、浙、河南、山東之兵畢集，但宜袖手無一策。且懲於張經之敗，乃謟奉文華，極其畢懦。故文華雖厭薄他，卻不怒。因文華與宗憲私交甚篤，欲以宗憲易宜。三十五年正月中，文華入京。世宗諭大學士嚴嵩，問文華有關南寇之始末。文華即昌言：「寇起時若無兵，今徵兵四集，所請督撫非人，不能調度，請罷宜以宗憲代之。」(132)會御史邵惟中上剿倭失事情狀，遂奪宜職，令其閒住。宜擔任總督踰半載，因諂事文華，故得禍輕。[133]

文華雖以「水陸成功，江南清晏」爲理由請求回京，但江南卻寇掠如故而羽書沓至，故世宗屢問嚴嵩而嵩曲爲解。文華內心甚懼。會兵部尚書楊博因丁憂去職，文華幾得其職而爲吏部尚書李默所推絕。文華遇默而欲有所陳述，默卻嚴予拒絕，文華遂怏怏而退。於是以默在前此發策試選人中的「漢武征伐四夷而海內虛耗，唐憲功成淮蔡而晚業不終」之句爲謗訕，復因其推胡宗憲爲楊宜之繼任者而默竟使南京戶部右侍郎王誥爲兵部右侍郎兼右僉都御使，總督浙直福建軍務，遂以默之用誥乃欲敗東南事，爲其鄉人張經報仇。結果，世宗竟下默於禮部三法司議其罪。不稱旨，乃切責尚書王用賓等而皆奪俸，且下默於鎮撫司拷訊。刑部尚書何鰲遂因此一事件受到牽連，以子罵父律，將他處以絞刑。[134]因李默失位，王誥也隨即被解除總督職務，故誥之擔任總督，前後僅十七日而已。[135]誥下臺後，宗憲遂得擔任其垂涎已久的此一職務。有關宗憲擔任斯職以後的剿倭方面之表現，筆者已在〈胡宗憲與靖倭之役〉[136]一文中加以考察，故不擬贅言。

李默事件以後，世宗以爲文華忠，將其升爲工部尚書，加太子太保。當時嚴嵩已老，顧慮自己一旦死亡，將有後患，因薦文華文學，宜供奉青詞，直內閣，但不爲世宗所許。而東南倭警遝至，兵部乃研議再遣大臣督師。已而命兵部侍郎沈良材前往。嵩乃令文華自請再下江南，並在世宗前謂：「江南人翹首望文華督師」。世宗以爲然，遂命文華兼右副都御史，總督江南諸軍事。文華至江南時，負責剿倭工作的是他自己推舉的胡宗憲，而宗憲又有意藉他以通於嵩，故諂奉無不至。至於文華，他雖以總督江南、浙江諸軍事職銜至浙江，但素不知兵，所以在軍事方面自非倚賴宗憲不可。在此情形下，兩人相處甚歡。已而宗憲平定徐海，俘陳東、麻葉等渠魁，復遣人赴日招諭倭寇王王直，將其縶於浙江按察司獄，文華遂以大捷上聞，而歸功上玄。[137]

五、結　語

嘉靖年間東南沿海大亂的爆發，始於三十一年（一五五二），此時寇盜為海商之寇，他們既未攻城掠邑，也未深入內地，僅為貨款問題而作個人的報復行動。此一行動，在朱紈擔任巡撫時已發生，惟中國奸民之公開導引劫掠者不多。但在三十二年以後，非僅海商轉為寇盜，也驅使倭人或與倭寇相結合，有組織，有計畫的攻城掠邑，更有許多中國奸民參與禍亂，公然為其導引，為其羽翼，致明廷雖調許多兵員，也難以平定。

當時在海上肇亂者有許一（松）、許二（楠）、許三（棟）、許四（梓）兄弟，及李光頭、陳思盻、蕭顯、鄭宗興、何亞八、方武、徐海、陳東、麻葉、王直、葉宗滿、毛海峰等不下數十夥。而各盜賊之寇掠、分合始末，則詳於鄭若曾《籌海圖編》，卷八，〈寇踪分合始末圖譜〉，至其肇亂之始於何時何地，則詳於鄭舜功《日本一鑑》〈窮河話海〉，卷六，「海市」、「流逋」條。

由於海商轉為寇盜，而又有許多奸民為之穿針引線，更有勢豪之家參與其間且挾制有司，來寇時復結艅連檣，蔽海而至，所以明廷雖集天下四方之兵，懸重賞，並先後遴選文武大員負責剿倭工作。

但那些負此大責重任的，如朱紈，他雖竭盡一切力量執行海禁，卻不爲參與干犯海禁勾當之閩、粤大姓所見諒，而出身閩地的御史周亮，給事中葉鏜等人更疏請削其權限，終於飲恨仰藥而亡。紈死後，非僅放寬海禁，也疎於海防，致紈所得海禁成效盡失，寇復滋蔓。

在倭寇日劇的三十一年，明廷雖任命王忬爲巡撫從事剿倭工作，但忬對當時的寇亂已束手無策，故乃由李天寵繼其任，且以張經總督剿倭。經廣徵天下兵，欲一舉消滅寇賊。此時文華至江南祭海神並督察軍務，而屢檄經發兵與賊戰。經只以所徵兵未到齊爲理由未予同意而未作進一步之說明。文華雖再三言，但經終不聽。

文華挾嚴嵩內援，頤指經，經以大臣自重出，位在文華之上，心輕之。於是文華以密疏劾經，言其才足辦賊，特因其家在閩而避賊仇，故嚄唶縱賊而已。世宗以之問嚴嵩而嵩所答者一如文華之言，致經獲罪，湯克寬、李天寵亦被波及。經、天寵終被斬，天下冤之。張經以後，由周珫、楊宜、王誥等人先後擔任總督，最後由事事迎合文華的胡宗憲繼其任。宗憲擔任總督以後，在剿倭工作方面的表現可圈可點，無庸置疑。至於文華之顚倒是非，陷害功臣，其作爲雖令人髮指，惟他之因薦宗憲擔任總督而得以紓解江浙倭禍，自有其貢獻，不可因其操守問題而一概抹殺。

嘉靖三十年代的倭寇之難除，雖有人事傾軋問題糾結其間，但除此以外，當時內地奸民之導引、接濟、參與爲亂，及因政治窳敗問題而來的迫使沿海居民從倭，海防廢弛，軍紀敗壞等，也當爲其主要因素。這些問題在朱紈擔任巡撫時雖已發生，並將此一情形報告當局，並言其解決之道，卻始終未獲重視，而採應有之措施，致使東南沿海居民苦於倭患長達十餘年之久。

倭寇之銷聲匿跡，固與明朝之加強海防，及明軍戰略之進步，訓練之日漸精良有關，但明朝之於隆慶初開放部分海禁，允許國人往販東西兩洋，及日本之結束其戰國時代（一四六七～一五六七），趨於統一而禁止其子民航行海外的措施亦有以致之。

〔註釋〕

①：宋素卿，原爲浙江鄞縣監橋頭朱漆匠之子，名縞。其父專攬日本貨，負值不得償，遂以子折銀爲質，更名宋素卿。弘治間（一四八八～一五〇五）隨日本使節團成員湯四五郎赴日。以長於文學，爲細川氏所重用，擔任「綱司」之職。正德五年（一五一〇）二月，充日使來貢。私饋劉瑾黃金千兩，得賜飛魚服。陪臣之獲賜飛魚，乃前所未有。雖易姓名，但族人尚識其貌，每伺隙以私語相通，相與爲耳目通奸利。鄉人舉發其事。守臣以中國之民，潛往外夷，法當究治。惟當時劉瑾用事，禮臣又恐失外夷心，致生他隙，宜宣諭德威，遣之還國。因此，厚賄瑾而得以離去，而於嘉靖二年復來。

②：鄭舜功，《日本一鑑》（商務印書館據舊鈔本景印本，民國二十八年）〈窮河話海〉，卷七，「使館」條。

③：鄭若曾，《籌海圖編》（明天啓四年新安胡氏重刊本），卷二，〈倭奴朝貢事略〉，嘉靖二年條。葉向高，《蒼葭草》（明萬曆間刊本，葉臺全集之一），卷一九，〈日本考〉，同年條。

④：同前舉鄭若曾書。鄭樑生，《明史日本傳正補》（臺北，文史哲出版社，民國七十年十二月），頁四六一～

四八八。《明代中日關係研究》（臺北：文史哲出版社，民國七十四年三月），頁三三四～三四八。

⑤：《明世宗實錄》（中央研究院歷史語言研究所景印本），卷二八，嘉靖二年六月庚午朔甲寅、戊辰；卷三三，同年十一月丁卯朔癸巳；卷五〇，嘉靖四年四月庚辰朔癸卯；卷五二，同年六月己丑朔己亥條。

⑥：《明世宗實錄》，卷三三五，嘉靖二十六年七月庚戌朔丁巳條。《明史》（臺北，鼎文書局點校本），卷三二三，〈日本傳〉。王波楞，《歷代征倭文獻考》（臺北，正中書局，民國五十五年十二月，臺一版）所引《通鑑明紀》。

⑦：朱紈，《甓餘雜集》（明萬曆十五年十二月序刊本），卷二，嘉靖二十六年十二月二十六日，〈閱視海防事疏〉。此疏並見於《明經世文編》（明崇禎刊本），卷二〇五，《朱中丞甓餘集》，卷一。

⑧：徐學聚，《嘉靖東南平倭通錄》，嘉靖三十一年四月條。

⑨：參看《明世宗實錄》，卷三八七，嘉靖三十一年七月辛巳朔己亥條。

⑩：《明史》〈日本傳〉，嘉靖三十一年條。

⑪：《明史》，卷二〇五，〈胡宗憲傳〉；卷三二二，〈日本傳〉，嘉靖三十五年條。

⑫：《明世宗實錄》，卷四一九，嘉靖三十四年二月丙寅朔庚辰條。

⑬：同前註，同年同月丙戌條。

⑭：《明史》，卷二〇五，〈張經傳〉、〈李天寵傳〉。

⑮：《明武宗實錄》，卷六七，正德五年九月甲寅朔癸未條。

⑯：嚴從簡，《殊域周咨錄》（明萬曆間刊本），卷九，〈佛郎機〉條。

⑰：有關疏請禁止通番問題，《明武宗實錄》，卷一一三，正德九年六月壬辰朔丁酉條引廣東布政司參議陳伯獻之奏疏及世宗所作批示云：「嶺南諸貨，出於滿剌加、暹羅、爪哇諸夷。計其（所）產，不過胡椒、蘇木、象牙、玳瑁之類，非若布帛、菽粟，民生一日不可缺者。近許官府抽分，公為貿易，遂使姦民數千，駕造巨船，私置兵器，縱橫海上，勾引諸夷，為地方害，宜亟杜絕。事下禮部，令撫按等官禁約番船，非貢朝而至者即阻回，不得抽分，以啓事端。姦民仍前勾引者治之。報可」。

⑱：《明武宗實錄》，卷一四九，正德十二年五月乙亥朔辛丑條云：「命番國進貢并裝貨舶船榷十之二解京，及存留餉軍者俱如舊例，勿執禁例阻遏。先是，兩廣姦民私通番貨，勾引外夷，與進貢者混以圖利。招誘亡命，略買子女，出沒縱橫，民受其害。參議陳伯獻請禁治之。其應貢番夷不依年分，亦行阻止。至是，右布政使吳廷舉巧辯興利，請立一切之法，撫按官及戶部皆惑而從之。不數年間，遂啓佛朗機之釁，副使汪鋐盡力剿捕，僅能勝之。於是每歲造船、鑄銃為守禦計，所費不貲。而應供（貢）番夷，皆以佛朗機故，一概阻絕，舶貨不通矣。利源一啓，為患無窮，廷舉之罪也」。

⑲：《明武宗實錄》，卷一九〇，正德十五年十二月己亥朔己丑條。

⑳：戚其章，《中國近代社會思潮史》（濟南，山東教育出版社，一九九四年六月），頁一～二。

㉑：《明武宗實錄》，卷一五八，正德十三年正月辛丑朔壬寅條。《明史》，卷三二五，〈佛郎機傳〉。

㉒：《明史》〈佛郎機傳〉。

㉓：梁嘉彬，〈明史佛郎機傳考證〉，收錄於中山大學，《文史研究月刊》，第二卷三、四期合刊。
㉔：同註二三。
㉕：同註二三。夏燮，《中西紀事》，卷一，頁三～四。
㉖：《明世宗實錄》，卷四，正德十六年七月庚戌朔乙卯條。《明史》〈佛郎機傳〉。
㉗：《明世宗實錄》，卷二四，嘉靖二年三月壬寅朔壬戌條。《明史》〈佛郎機傳〉。
㉘：同註二〇，頁四。
㉙：俞大猷，《正氣堂集》，卷七，〈論海勢宜知海防宜密書〉。
㉚：同註七所舉書，卷三，嘉靖二十七年六月二十七日，〈海洋賊船出沒事疏〉。
㉛：《明世宗實錄》，卷五四，嘉靖四年八月戊子朔甲申條。
㉜：《明世宗實錄》，卷一〇八，嘉靖八年十二月癸亥朔戊寅條。
㉝：談遷，《國榷》（中華書局本），卷五五，世宗嘉靖十二年九月庚子朔辛未條。
㉞：陳文石，《明洪武嘉靖間的海禁政策》（臺北：臺灣大學文學院，民國五十五年八月），頁二四。
㉟：《明世宗實錄》，卷三三四，嘉靖二十六年六月庚辰朔癸卯條。
㊱：同前註。
㊲：《明世宗實錄》，卷三三五，嘉靖二十六年七月庚戌朔丁巳條。《明史》〈日本傳〉。《通鑑明紀》。
㊳：同註七所舉書，卷二，嘉靖二十年十二月二十六日，〈閱視海防事疏〉。此疏並見於《明經世文編》（明崇

禎刊本），卷二〇五。

㊴：同前註。

㊵：同前註。

㊶：《明世宗實錄》，卷三三〇，嘉靖二十六年十一月戊寅朔丁酉條。

㊷：同註七所舉書，卷四，嘉靖二十七年十二月初八日，〈哨報夷船事疏〉。此疏並見於《明經世文編》，卷二〇五。《明世宗實錄》，卷三三七，嘉靖二十七年六月甲辰朔戊申條；卷三四六，二十八年三月辛未朔壬申條。《明史》，卷二〇五，〈朱紈傳〉。

㊸：鄭若曾，《籌海圖編》，卷五，〈浙江倭變紀〉。

㊹：同註七所舉書，卷四，嘉靖二十七年十二月十六日，〈雙嶼塡港工完事疏〉。此疏並見於《明經世文編》，卷二〇五。《明世宗實錄》，卷三四〇，嘉靖二十七年六月甲辰朔戊申條；卷三四六，二十八年三月辛未朔壬申條。

㊺：朱紈，《甓餘雜集》，卷四，嘉靖二十七年十二月十三日，〈議處夷賊以明典刑以消禍患事疏〉。此疏並見於《明經世文編》，卷二〇五，《朱中丞甓餘集》，卷一。

㊻：同前註所舉書，卷二，嘉靖二十七年十二月二十六日，〈閱視海防事疏〉。《明史》〈朱紈傳〉。

㊼：《明世宗實錄》，卷三三八，嘉靖二十七年七月甲戌朔條。

㊽：同前註所舉書，卷三四六，嘉靖二十八年三月辛未朔壬申條。

㊾：同註七，卷五，嘉靖二十八年正月初八日，〈申論不職官員背公私黨廢壞紀綱事疏〉。
㊿：《明史》〈朱紈傳〉。
(51)：俞大猷，《正氣堂集》，卷五，〈議王直不可招〉。
(52)：同註四五，卷五，嘉靖二十八年三月十八日，〈六報閩海捷音事疏〉。以上參看戚其章，《中國近代社會思潮史》，頁四～五。
(53)：同註四五，卷一〇，〈俟命辭〉文末曰：「糾邪定亂，不負天子；功成身退，不負君子。吉凶禍福，命而已矣，命如之何。丹心青史，一家非之，一國非之，人孰無死，惟成吾是。」如據此〈俟命辭〉的記載，朱紈認爲他「不死盜賊之手，必死筆之鋒」，故他之自盡，可能肇因於此。
(54)：《明史》〈朱紈傳〉。
(55)：鄭若曾，《籌海圖編》，卷四，〈福建事宜〉所錄閩縣知縣仇俊卿之言。
(56)：徐學聚，《嘉靖東南平倭通錄》，嘉靖三十一年四月條。
(57)：《明世宗實錄》，卷三八七，嘉靖三十一年七月辛巳朔己亥條。
(58)：同前註書，卷四〇〇，嘉靖三十二年七月乙巳朔甲子條。徐學聚，《嘉靖東南平倭通錄》，嘉靖三十二年七月條。
(59)：同註五六所舉書，嘉靖三十二年三月條。
(60)：《明世宗實錄》，卷三八八，嘉靖三十一年八月辛亥朔條所引浙江御史松應基（箕）之奏報。

61：同前註所舉書，卷四一〇，嘉靖三十三年五月庚子朔條。

62：王忬，《御史大夫思質王公奏議》（明隆慶刊本），卷三，〈議建城垣疏〉。此疏並見於《明經世文編》，卷二八三，《王司馬奏議》，卷一。

63：同前註所舉書，卷六，〈懇乞築城以保固地方疏〉。

64：王忬此疏所言者原有十條，但《明經世文編》所錄者則僅有九條。

65：《明史》〈日本傳〉。

66：參看采九德，《倭變事略》（明崇禎刊本，鹽邑志林之一），卷三；《明史》〈王忬傳〉、〈日本傳〉。

67：《明史》〈李天寵傳〉、《日本傳》。參看《明世宗實錄》之相關記載。

68：參看采九德，《倭變事略》之相關記載。《明史》，卷二〇五，〈胡宗憲傳〉。

69：《明史》，卷二〇四，〈王忬傳〉。

70：《明史》〈王仔傳〉、〈李天寵傳〉、〈日本傳〉。

71：《明世宗實錄》，卷四一〇，嘉靖三十三年五月庚子朔丁巳條云：「給事中王國禎、賀涇，御史溫景葵等，以倭寇猖獗，逼近留都，各上疏乞調兵、給餉，及推選總督大臣，重其事權，如往年征剿華林、麻陽諸寇故事。下兵部集廷臣議，俱稱〔便〕，因薦南京兵部尚書張經堪任總督。……議入，上允行之。乃命經不妨原務兼都察院右副都御史，總督南直隸、浙江、山東、兩廣、福建等處軍務，一應兵食，俱聽其便宜處分。臨陣之際，不用命者，武官都指揮以下，文官五品以下，許以軍法從事」。

(72)：《明世宗實錄》，卷四一〇，嘉靖三十三年五月庚子朔條。
(73)：同前註。
(74)：同前註。
(75)：同前註書，卷四一三，嘉靖三十三年八月己巳朔癸未條。
(76)：同前註書，同年同月庚寅條。
(77)：《明史》，卷二〇五，〈張經傳〉。
(78)：徐學聚，《嘉靖東南平倭通錄》，嘉靖三十四年五月條。《明史》〈張經傳〉。
(79)：《明世宗實錄》，卷四二二，嘉靖三十四年五月甲午朔己酉條。談遷，《國榷》（中華書局本），卷六一，同年月日條。
(80)：同註七八，嘉靖三十四年六月條。
(81)：《明史》，卷二〇五，〈周琉傳〉。
(82)：《明史》〈日本傳〉。
(83)：《明世宗實錄》，卷四二四，嘉靖三十四年七月癸巳朔丙辰條。《明史》〈日本傳〉。
(84)：同前註所舉書，卷四二五，嘉靖三十四年八月癸亥朔壬辰條。談遷，《國榷》，卷六一，同年月日條。
(85)：《明史》〈日本傳〉。
(86)：同前註。

87：《明世宗實錄》，卷四三二嘉靖三十五年二月庚寅朔己亥條。《明史》〈日本傳〉。談遷，《國榷》，卷六一，世宗嘉靖三十五年二月庚寅朔己亥條。

88：采九德，《倭變事略》，卷四，嘉靖三十五年八月二十六日條，及本書卷末所附〈胡總督奏捷疏〉。

89：參看《明世宗實錄》，嘉靖四十一年以後之相關記載及《明史》〈日本傳〉。

90：《明史》，卷二〇五，〈楊宜傳〉。

91：《明史》，卷三〇八，〈趙文華傳〉。

92：《明世宗實錄》，卷四一九，嘉靖三十四年二月丙寅朔庚辰條。

93：同前註。

94：談遷，《國榷》，卷六一，世宗嘉靖三十四年二月丙寅朔丙戌條。《明史》，卷三〇八，〈奸臣傳，嚴嵩傳〉、〈趙文華傳〉。

95：同前。

96：采九德，《倭變事略》，卷四，嘉靖三十四年正月初三、初九、二十三日條。

97：《明世宗實錄》，卷四二〇，嘉靖三十四年三月丙申朔丁未條。《明史》〈日本傳〉。

98：王波楞，《歷代征倭文獻考》，頁一八七。

99：同註九六所舉書，卷四，嘉靖三十四年三月十二日條。

100：《明史》〈張經傳〉。

⑩①：徐學聚，《嘉靖東南平倭通錄》，嘉靖三十四年四月條。談遷，《國榷》，卷六一，世宗嘉靖三十四年四月乙丑朔戊辰條。佚名，《金山倭變小誌》（鈔本）。

⑩②：同註九九。

⑩③：《明世宗實錄》，卷四二一，嘉靖三十四年四月乙丑朔辛未條。談遷，《國榷》，卷六一，同年月日條。徐學聚，《嘉靖東南平倭通錄》，同年月條。《明史》〈趙文華傳〉。

⑩④：《明世宗實錄》，卷四二二，嘉靖三十四年五月甲午朔己酉條。談遷，《國榷》，卷六一，同年月日條。《明史》〈張經傳〉。

⑩⑤：《明世宗實錄》，卷四二二，嘉靖三十四年五月甲午朔條。談遷，《國榷》，卷六一，同年月日條。

⑩⑥：《明世宗實錄》，卷四二二，嘉靖三十四年五月甲午朔條。談遷，《國榷》，卷六一，同年月日條。

⑩⑦：同前註。

⑩⑧：《明世宗實錄》，卷四二二，嘉靖三十四年五月甲午朔己酉條。談遷，《國榷》，卷六一，同年月日條。《明史》〈張經傳〉、〈湯克寬傳〉、〈日本傳〉。

⑩⑨：《明世宗實錄》，卷四二二，嘉靖三十四年五月甲午朔癸丑條；卷四二四，同年七月癸巳朔丁巳條。

⑪⓪：同註一〇九。《明史》〈李天寵傳〉。

⑪①：同前註。

⑪②：同前註。

⑬：談遷，《國榷》，卷六一，世宗嘉靖三十四年五月甲午朔己酉條。

⑭：《明史》〈李天寵傳〉。

⑮：同前註。

⑯：《明史》〈周琉傳〉。

⑰：《明世宗實錄》，卷四二二，嘉靖三十四年五月甲午朔甲寅條。

⑱：同前註所舉書，卷四二四，嘉靖三十四年七月癸巳朔癸丑條。

⑲：同前註所舉書，卷四二五，嘉靖三十四年八月癸亥朔辛未條。談遷，《國榷》，卷六一，同年月日條。

⑳：《明世宗實錄》，卷四二五，嘉靖三十四年八月癸亥朔甲戌條。談遷，《國榷》，卷六一，同年月日條則云：「溧水倭復趨徽州，還至東壩，由溧水而東，爲老人所紿。引至太湖之木瀆鎭，至滸墅。巡撫曹邦輔與副使王崇古，僉事董邦政等，恐其合柘林之寇，乃分地，崇古爲正兵，知府林懋，知縣唐世耀屯吳林廟爲援。又分奇兵左右哨，度賊走太湖，募水師。賊至吳林廟，斬二十七人，餘走陽山」。

㉑：《明世宗實錄》，卷四二五，嘉靖三十四年八月癸亥朔甲戌條。

㉒：同前，嘉靖三十四年八月癸亥朔壬辰條。談遷，《國榷》，卷六一，同年月日條。夏燮，《明通鑑》，卷一，〈紀〉，六一，同年同月條。許重熙，《嘉靖以來注略》，卷四，嘉靖三十四年八月條則云：「巡撫曹邦輔，督副使王崇古兵分四路蹙倭。倭自滸墅走楊林橋。一鄉民紿之，導至絕地，盡殪」。

㉓：《明史》〈曹邦輔傳〉。

⑫④：《明世宗實錄》，卷四二六，嘉靖三十四年九月癸巳朔乙未條。談遷，《國榷》，卷六一，同年月日條。徐學聚，《嘉靖東南平倭通錄》，同年同月條。參看劉濤，《劉帶川稿》，卷五，〈兵備浙江上督撫陶宅進兵書〉。

⑫⑤：《明世宗實錄》，卷四二七，嘉靖三十四年十月壬戌朔丙子條。

⑫⑥：同前註。

⑫⑦：同前註。

⑫⑧：同前註所舉書，卷四二七，嘉靖三十四年十月壬戌朔丙戌條。

⑫⑨：同前註所舉書，卷四二九，嘉靖三十四年閏十一月壬戌朔己巳條云：「周浦等倭，以官兵攻圍日急，於二日夜悉衆東北奔。統領川兵遊擊曹克新邀擊之，斬首一百三十餘。賊遂入川沙窪與巢賊合。四川、山東兵日夕伺擊之，賊乃焚巢載舟出海。副總兵俞大猷，兵備王崇古，合兵入洋追之，及於老鶴嘴，斬首一百七十餘級，生擒四十七人，衝燬賊巨舟八艘，餘賊奔上海浦東」。

⑬⓪：《明世宗實錄》，卷四三〇，嘉靖三十四年十二月辛卯朔乙巳條。

⑬①：同前註。

⑬②：同前註所舉書，卷四三二，嘉靖三十五年二月庚寅朔己亥條。

⑬③：《明史》〈胡宗憲傳〉。

⑬④：夏燮，《明通鑑》，卷六一，〈紀〉，六一，嘉靖三十五年二月庚寅朔戊午條。許重熙，《嘉靖以來注略》，

卷四，嘉靖三十五年春正月條。

135：王浩於嘉靖三十四年二月庚寅朔壬寅（十三日）被命爲兵部右侍郎兼右僉都御史總督浙直福建軍務，同月戊午（二十九日）被解除職務，故他之擔任總督職務，僅十七天而已。

136：鄭樑生，〈胡宗憲與靖倭之役〉，收錄於《漢學研究》，第十二卷第一期（臺北，漢學研究中心，民國八十三年六月），頁一七九～二〇二，及鄭著《中日關係史研究論集》，五（臺北，文史哲出版社，民國八十四年四月）。

137：參看《明史》〈趙文華傳〉，及采九德，《倭變事略》之相關記載。

東南沿海地區倭亂對明朝財賦所造成的影響

——一五四九～一五六〇

一、前　言

元順帝至正十八年（一三五八）以後，倭人接連寇掠瀕海郡縣。二十三年，復寇蓬州，爲守將劉暹所擊敗。①順帝在位期間的寇掠，實爲倭寇騷擾中國之始。

明興，朱元璋即帝位（一三六八），方國珍、張士誠相繼誅服。諸家亡命，往往糾集日本西陲之人，入寇山東沿海郡縣。因此，在洪武二年二月派遣行人司行人楊載持詔諭其國，促其來貢。且詰以入寇之故，但並未獲得預期之回應。此後，太祖曾分別於洪武三年遣萊州府同知趙秩；五年，遣天寧禪寺僧仲猷祖闡、瓦官教寺僧無逸克勤等赴日，賜以《大統曆》②及文綺、紗、羅等物，也未能達到促其來貢之目的。十三年，又遣招諭使某東渡，但亦徒勞往返，而其邊民之來華寇掠，依然如故。

迄至惠帝之治世，日本室町幕府第三任將軍足利義滿（源道義）遣使、奉表、貢方物（一四〇一），明朝與日本之間的官方往來正式開展。③越明年，成祖冊封義滿爲日本國王，賜以衣、冠、誥命及《

大統曆》。此後，直到義滿猝逝之永樂六年（一四〇八）爲止，中、日兩國間的官方往來頻繁。因義滿對明忠誠，常應明廷之要求，將其所捕獲之倭寇，及被倭寇所擄東南沿海地區的居民送還中國，所以使成祖甚感滿意。曰：

自朕御極，傾心歸嚮，益處職貢之禮，有隆無替。恭承朝命，斯須不稽；竭力殫心，唯恐弗及。用是殄寇盜於海島，安黎庶於邊隅。並海之地，雞犬得寧，烽警不作，皆王之功也。④

義滿逝世後，其子義持採與乃父相反的態度，與明斷交，⑤致倭寇逐漸猖獗。

義持之後，義教雖於宣德八年（一四三三）復貢，但這個時期的日本貢船之來華，政治意義與國際上顧慮的成分消逝，其統治階級只一味追求貿易之利，鑽營通貢貿易，⑥所以幾乎已完全失去作爲冊封體制之一環的朝貢、回賜之貿易意義，致此體制與貿易乖離，既無法解決禁戢倭寇問題，也無法透過「日本國王」，把日本約束於華夷秩序之中。在這種情形下，當日本貢使於嘉靖二年引起寧波事件⑦，及因佛郎機人東來，屢屢在東南沿海地區干犯中國海禁，從事走私，並販賣人口⑧時，明政府即加強海禁，並要日本嚴守貢期、人員、船數之限制。此後，中國東南沿海地區居民之建造違規大船下海通番者接迹於海上。復由於中國奸民與倭人交易而往往賒欠其貨款不付，致倭人喪失貲本，無法返國，乃有寇掠之舉。但也有大奸如王直、徐海、陳東、麻葉之輩，素窟其中，因在內地不得逞，遂悉逸海島爲主謀。倭人聽其指揮，乃引誘他們入寇。海中巨盜遂襲倭人服飾、旗號，並分艘刼掠內地而無不大利，故倭患日劇。⑨

那些倭寇寇掠東南沿海地區時，大肆搶奪當地居民財物，姦淫擄掠，縱火焚燬官宇廨舍。⑩因此，當地民衆喪失親人，日常生活失去憑依，國家也因而喪失大量財賦，致有帑藏枯涸之歎。

倭寇肆虐導致國家財源短絀的資料雖極有限，但筆者卻擬透過《明實錄》、《明史》的少數相關記載，來探討嘉靖三十年代東南沿海地區的倭亂，對當時國家財賦所造成之影響。至於關稅方面所受的影響，目前尚無法找到相關資料，故只得留待日後研究。

二、倭寇肆虐的情狀

明代並無日本商人可自由來華貿易的制度，只准許入貢使節人員順帶貨物互市。如據鄭舜功《日本一鑑》〈窮河話海〉，卷六，「海市」條的記載，給事中陳侃於嘉靖甲午（十三年，一五三四）奉命出使琉球時，率領閩籍的從役人員自福建出發。至琉球後，那些從役人員聞當時正在該國學佛的日本僧侶之言，赴日貿易可獲大利，即以貨財前往日本銷售，獲大利而歸，致使閩人往往私市其間。惟至後來，那些私商與日本人之間有金錢的借貸關係，復因中國私商之東渡日本者日益增加，而福建寇亂始漸。廣東私商之赴日貿易，始自揭揚縣民郭朝卿。朝卿初以航海遭遇颶風，漂流至日本。返國後，再前往貿易，而粵地商人之東渡者日多。至於浙海私商，則始自福建鄧獠。獠，初時因罪被囚於按察司獄，嘉靖五年（一五二六）越獄下海，誘引外國商人至浙海雙嶼港，投託合澳之盧黃四等私通交易。十九年（一五四〇），更有許松、許楠、許棟、許梓四兄弟勾引佛郎機人，絡繹於浙海，也在雙嶼、大茅等港干犯中國禁令，從事走私。自此以後，東南沿海地區的釁門始開。

在嘉靖三十年代，寇掠浙直地方的倭寇，可以杭州虎跑寺之明山和尚——徐海及王直爲代表。他們兩人與浙江總督胡宗憲，都是徽州歙縣人。徐海年少出家爲僧，還俗時間不詳。其投身海寇的時期，似爲嘉靖三十年（一五五一），乃叔銓來瀝港交易而與之偕往日本之際。⑪徐銓即徐惟學，又名碧溪，原爲鹽商，因生意失敗加入走私行列。他曾向九州大隅（今鹿兒島縣）日人告貸數十兩。但不久以後，在前往廣東走私的歸途，被指揮黑孟陽追擊，死在潮州海上。因此，其債主乃求償於海。海爲償債，乃率夷酋新五郎等出掠，於三十五年三月下旬抵大陸沿岸。⑫在這個時期寇掠大陸沿岸者雖未必都是海之徒黨，不過當翻閱《明世宗實錄》、《明史》、《倭變事略》時，自可知海爲其主力。

徐海於嘉靖三十四年正月，率日本和泉、薩摩、肥前、肥後、攝津、對馬等地的倭人入寇，屯柘林，犯平湖，破崇德，掠湖州。二月，攻金山，犯嘉興，於四月分掠蘇州、常熟、崇明、嘉興等地，然後遁歸柘林。五月，分掠乍浦、平湖，至杭州，浙、直兵將其擊敗於平望。故於七月改屯南陶。出海後與來自川沙的陳東會合，於三十五年二月復巢柘林。然後分掠淮揚、常州鎭江、松江，四月合攻乍浦，入定海關，圍桐鄉，陷慈谿。此後則陳東屯於新場，徐海屯於李巷，又合屯乍浦，於同年八月爲總督胡宗憲所滅。⑬又，當翻閱《明史》〈日本傳〉嘉靖三十六年條之記事時，可發現其大部分爲有關招撫王直者。直，初爲鹽商，有任俠氣。青年時代爲落魄遊民。多智略，善施與，故人宗信之。嘉靖十九年，乘海禁尚鬆懈，乃與一時惡少葉宗滿等人前往廣東，造違制大船，干犯海禁，携帶硝黃、絲綿等物品至日本、暹羅、西洋販賣，並將各該地的特產運回中國出售，致富不貲，被日本人尊爲「五峰船主」。⑭如據鄭若曾《籌海圖編》，卷八，〈寇踪分合始末圖譜〉的記載，直於嘉靖二十三年加入許棟之一夥，職司出納，且爲棟領哨馬船，至日本交易。二十七年，許棟在浙江雙嶼爲浙江巡撫所攻破，他即收編棟之餘黨自作船主。三十一年，因求開市不能如願，遂分踪寇掠浙東沿海。明年三月，走泊馬蹟潭，在列表被俞大猷攻破。四月，分掠浙江各地，即陷昌國，犯定海，攻海鹽，掠乍浦，犯杭州，入南潙，犯嘉定，據吳淞，終敗走白馬廟。其在馬蹟之同夥復爲參將湯克寬所破。於是前往日本，屯肥前之松浦。自此以後，惟坐遣其黨徒入寇而不自來。迄至三十七年八月，應浙江總督胡宗憲所遣說客陳可願、蔣洲之招撫款定海關，要求互市。宗憲乃遣人誘引入見而把他監禁在浙江按察司獄。翌年十二月，被斬於杭州官巷口。⑮

在嘉靖三十年代，寇掠東南沿海地區的既是以徐海、王直等之手下爲主，那麼，其肆虐情形又如何？就江浙地區而言，采九德《倭變事略》云：

○〔嘉靖三十二年五月二十五日〕賊攻（海鹽）城連三夕，東北二門外賊造雲梯，高三、四丈者數十。……以城有備，……遂開船揚帆，竟往乍浦。湯（克寬）登城樓，躡其巔，望之，知其往乍也。顧謂衆曰：「乍難支矣」。時把總王應麟居守。會大雨，下令曰：「毋擊梆柝，試靜聽之」。有頃，賊遂瀰漫四入，而城陷矣。屠戮淫刼，不勝其慘。傷哉此城！誰之咎耶？

○癸丑〔三十二〕年事：吾海鹽被寇者四，死者約三千七百有奇；平湖、乍浦各三被寇，澉浦、海寧各一被寇。……

○〔三十三年四月〕十二日，賊自松江來者，二百十七人，經新行。午後，又有一百六十人來。咸宿東塘橋村。……越數日，黃灣賊千餘，掠袁花鎮，焚刼甚慘。……所過數十里無人烟。海寧大姓多罹其害。……隨處掠刼人口，男則導行，戰則令先驅。婦人晝則繅繭，夜則聚而淫之。

○〔五月〕初六日，賊船一隻，泊麥庄涇，掠附塘數家。……典史李茂，率兵飛石擊殺數賊，賊解去。……賊回壘不得志，殺男婦千餘以泄怒，見者悲痛。……十五日，……此黨賊留居吾土，凡四旬有三日，殺害數千人，蕩民產數萬家。

以上是當時被倭寇蹂躪的許多事實中的四個例子，由此當可推知被害情形之嚴重。《明世宗實錄》則云：

蘇松巡撫曹邦輔，檄僉事董邦政，把總婁宇，以沙兵擊滸墅關倭寇，纖（殲）之。初，賊自宜興奔蘇州，會柘林賊爲風飄旋者三百餘，進擄陶宅港。邦輔慮一（二）賊合，且爲大患，乃親督副使王崇古，會集各部兵扼其東路，四面蹙之。賊逃至五龍橋，復至梅（海，內閣大庫舊藏朱絲闌精鈔本作海）灣山。我兵隨地與競，頗有斬獲。太倉衛指揮張大綱被殺，兵卒傷亡亦眾。……此賊自紹興高埠奔竄，不過六、七十人，流刼杭、嚴、徽、寧、太平，至犯留都，經行數千里。殺戮及戰傷，無慮四五千人。凡殺一御史，一縣丞，二指揮，二把總，八二縣（吏），歷八十餘日始滅。⑯

上舉事例，都是發生於浙江的事實，惟當渠魁王直被執後不久，其餘黨即從舟山駕船南泛，泊於福建浯嶼，焚掠居民，由是福建人大譟，謂胡宗憲嫁禍南道。⑰

福建之被倭寇掠，雖早在洪武三年便已發生，⑱但倭患之日益嚴重，係在嘉靖三十四年（一五五五）以後。當時倭寇從浙江南竄，蹂躪福寧州沿海地區，繼而南移進犯興化、泉州一帶，而福清海口所受禍害最嚴重。⑲同年閏十一月十三日，這些倭寇與大批新到之倭合股進攻鎭東衛城，結果，不僅泉州指揮童乾震被殺，⑳而且鎭東衛被攻陷，先後殺都指揮、指揮、千百戶、武舉三十員，軍民以萬計。㉑三十五年十月，倭賊萬餘人圍攻福鼎秦嶼堡，攻七晝夜挫刃去。㉒三十六年三月，倭寇數千從琯頭登陸，並以此爲巢，四處刼掠。八月，從流江（沙埕港東岸）轉掠小埕（黃岐半島南岸）水塞的倭寇，會同琯頭之倭圍攻福州城，在西郊焚掠殺擄，南台、洪塘悉爲煨燼。㉓

六月，流刼漳州地區的倭寇犯月港，焚掠千家，殺擄千人。㉔十月，倭由漣江漁倉浦登岸，攻小東門，犯北茭。隨後新倭又到，合股攻漣江城。官兵分門出擊，倭從拱嶼退走。十一月，從浙江南來的一批倭船屯泊浯嶼，分刼同安、南安、惠安諸縣。十二月，從潮州澄海縣登陸的倭寇佔領黃土岡土城，流刼詔安縣境。㉕

自從王直餘黨於三十七年十一月移巢浯嶼後，倭寇侵犯的重點便南移到福建。迄至三十八年，除盤踞在浯嶼的倭寇外，又有大批新倭携帶攻城器具來犯，整個福建沿海無地非倭矣。㉖

在漳州地區，浯嶼的倭寇和來自潮州的數千新倭，刼掠龍溪、漳浦、詔安、長泰諸縣，圍攻漳浦、長泰縣城。其在泉州地區者則圍泉州城達四個月之久，同時分掠南安、同安等地。三月，倭衆數攻福寧州城。四月，新倭又到，遂西向攻陷南安城，焚掠五天，民衆死難三千多人，被擄七百餘人。㉗同月，倭自羅源、連江進犯福州，先掠周圍各鄉，十六日合攻省城，近月始解圍去。當時，長樂、福清、永福（永泰）均有倭寇侵犯。長樂城被圍達七十餘天，守備來熙率民兵困守，用火銃、矢石擊斃倭賊數百人。福清城自三月至五月，倭來攻七次，均被城內軍民擊退。永福城於五月被倭攻陷，知縣周煥等戰死。㉘迄至三十九年三、四月間，倭寇再次大掠連江、長樂、福州一帶地區，從沿海到深山窮谷，多數村莊被焚燒屠戮，財物罄掠無遺，省城城門晝閉彌月。㉙同年三至五月，倭寇焚刼同安浯洲（金門島），而官澳受害最慘。當時官澳巡檢司城內有難民萬餘，丁壯四千守城，因城高缺水，於四月初九突圍時城破，倭縱火屠城，城內外屍横遍地，婦女相携投海，不計其數。僅先頭突圍的二百餘人幸免被害。浯洲倭患，始終凡五十日，村社爲墟。㉚

四十年二三月間，倭流刼詔安各地。四月，倭擾長樂各鄉，掠福清和福州郊區，攻閩清城不克。十月，倭賊二萬餘人大掠同安各地，攻縣城不下。十月和十二月，倭兩次陷寧德城，居民被殺無數，全城幾乎被夷爲平地。㉛四十一年二、三月間，倭圍攻詔安城，兩次攻陷永寧衛城。四月，大批新倭焚掠長樂、福清、莆田，並佔領海口以南的牛田與莆田東南之林墩爲巢穴，與寧德的横嶼倭巢互爲犄角。此三倭巢之賊徒四出焚掠，並立買港之法，人以金贖免斬，屋以金贖免燒。㉜十月，攻陷政和城，十一月，陷壽寧縣城、玄鍾所城，進圍興化府城，月餘未下。當時廣東總兵奉命來援，兵不及七百，且屢戰疲乏，暫屯江口，派人往府城聯繫，擬約期入城協助守禦。使者途中被倭俘獲，倭遂以假冒眞，誘守將於十一月二十八日開城門。倭賊突然擁入，府城即告失陷，同知吳時亮及軍民被殺害千人以上。㉝四十二年十月，俞大猷調任廣東，戚繼光升任福建總兵，兼守浙江金華、溫州二府。十一月，倭寇同時寇掠福寧、連江、莆田、惠安、晉江等地。七日，進圍仙遊縣城，兵民爭死力擊之，㉞擒斬千餘人，奪回被擄男女三十餘人，餘倭萬餘南竄惠安、晉江等地，於四十三年正月攻安平（安海），終爲戚家軍所殲。㉟殘倭千餘奪船下海，南竄廣東。福建自嘉靖三十四年起，嚴重倭患達七、八年之久，先後攻陷府城、縣城十二座，衛城、所城九座，沿海主要城鎮多遭圍攻，軍民被殺、被擄十餘萬人，房舍被焚數萬間，財物被掠無數，使原來繁華的沿海地區爲之蕭條。㊱

就廣東地區而言，海寇許棟於嘉靖三十二年正月犯潮陽。㊲明年，海寇何亞八、徐銓等作亂，爲兵部侍郎鮑象賢，指揮黑孟陽等所討平。㊳三十四年，許朝光分據潮陽、牛田、鮀浦等處，凡商船往來，皆給票抽分，名曰買水。後爲陳滄海所殺。十一月，賊首許老等三百多人，引倭千餘，從磊門登陸，攻海門所，爲官軍所擊，賊死甚多。㊴

三十六年十二月，倭從浯嶼趨潮州澄海登岸，攻陷黃岡土城，不久奔向詔安。三十七年正月，從漳、泉入揭陽，刼掠太井、蓬州、錢岡、鳳山諸村，被官軍擊敗。十月，倭賊之一支從平和橋突犯饒平黃岡鎮，踞其城。同月，又有倭寇從廣州入寇惠來，龍溪都指揮楊篁被殺。㊵三十八年十月，從海口焚舟登岸，直逼潮陽城下，受鄉兵攻擊，不得逞，乃肆掠鳳山、錢岡各村。十二月，寇掠海陽下外莆都，復掠揭陽。三十九年正月，倭賊屯潮陽貴山都、古埕等處，被指揮武尙文等所擊敗。六月，寇潮陽之桂嶼。七月，寇大埔。八月，大舉寇三河、湖寮、古城、莒村、楓朗各鄉，十一月始出境。㊶倭探知這時大埕城中守備鬆懈，遂選精銳五千人，從東北隅進入，殺傳籌者，倡言兵反。居民閉戶不敢出。平明，倭賊大至，城被攻陷，殺擄無算，積屍塞道。㊷四十一年六月，賊入青瀾港。四十二年九月，劇賊劉釗世等寇雷州、廉州。㊸四十四年正月，賊何喬等掠呂化、英德等村。四十五年正月，賊吳平掠白沙等處。四月，吳平逼昌化，焚掠鄉村城外居民三百餘家，男婦死者不計其數。城中得崇昇死守，不能入，乃前往崖州。五月，吳平在崖州被總兵湯克寬攻破，共擒其妻子，及酋首陳二老等。十二月，賊何喬、林容等掠陵水，又犯崖州，突入大蛋港，遠近騷動。復攻抱駕村，殺傷甚衆，擄數十人離去。自此以後，這地區有數年時間倭患接踵而至，可謂禍無寧歲矣。㊹

四十年正月朔日，倭陷饒平大埕所。前此攻陷黃岡之際，大埕戒嚴，倭賊乃移營至詔安，使其弛備。

三、明廷對倭亂所採的因應措施

倭寇寇掠東南沿海地區的情形既如上述，則不僅對該地區居民的日常生活造成嚴重威脅，破壞既有之社會結構，也使糧食生產或其他產業陷於停頓，物資的流通也必陷於癱瘓。明政府爲消弭倭患所採的方針，就是以武力征討。武力征討，必須要有強大武力始能竟其功。明初，沿海各要地都建衛、所，備置戰船，董以都司、巡視、副使等官，控制嚴密。然承平日久，船敝伍虛㊺竟連指揮官都不知自己負責的地區有多少裝備，兵員有多少。㊻及遇警，就募漁船以資哨守。兵非平日就接受嚴格訓練，

船也不是專門用以作戰者，所以見寇船至，往往望風逃匿，而在上者又無法加以統御。在這種情形下，賊帆指向之處，無不殘破。㊼

寇亂既已頻仍，自非調兵遣將，轉輸糧秣，設法平定不可。南京兵部尚書張經在嘉靖三十三年五月初所言：

> 國初洪武間，以倭夷不靖，遣信國公湯和經略海防，凡閩、浙濱海之區，陸有成（城）守，水有戰舡，故百餘年來，寇不爲害。其後法弛弊生，軍士有納料放班之弊。於是強富者散遣，老弱者哨守。戰舡損壞，亦棄不修，以致寇得乘之而入。請行各處巡撫嚴督所屬，預集兵舡，以守要害；追補納料軍士，以實行伍；清理積歲料銀，以造戰舡。㊽

又言：

> 南京營卒，逃故數多，邇來倭寇震鄰，防守缺人。乞將各衛、所原報冊籍，凡義男、女婿有名者，一體選收入伍，待事寧之日，去留再議。仍請貸支兵部草場銀，及南京户部糧草折銀，共二萬兩，委官于京城内外，及宿、邳等處招募驍勇，充爲前鋒。召原任指揮韓壁、路正督操，以備征調。㊾

就是針對當時軍備廢弛，禦倭兵員不足之情況所採因應措施之一。張經的此一建議經兵部覆議後，獲世宗之裁可。㊿同月，即令參將李逢時、許國賫太倉銀六萬兩，前往山東調撥，奏留民兵一支，及青州等處水陸槍手共六千人，人給軍裝銀十兩，將他們督赴揚州，聽張經調度。

三十四年十二月，張經擔任總督直隸浙福軍務右都御史。當時倭寇正盤踞柘林、川沙窪，其人數且二萬餘。因吳會民兵脆弱，無法制御，乃奏調東蘭、那地、南丹、挺順等州的狼兵五千名，永順、保靖二宣慰司土兵六千名，合力剿倭。51這兩次調兵，在嘉靖三十年代的靖倭戰役中，規模較大，人數較多。得附帶一提的是：在山東調撥之兵，因李逢時、許國之爭功，遂致潰敗。其從東蘭、那地、南丹、挺順、永順、保靖等地所調狼、土兵，因未能同時到達江南，延誤張經進剿王江涇之倭寇，結果，竟成爲張經被趙文華誣陷，被逮、問斬的重要因素之一。此事可由《明實錄》、《明史》、《倭變事略》、《嘉靖以來注略》、《國榷》等史料的相關記載獲得佐證。

當要募兵、調兵時，自非解決軍餉問題不可。就淮陽方面而言，漕運侍郎鄭曉云：

據直隸淮安府申奉撫鎮衙門劄開：倭寇船在餘東等場刼虜，恐奔突淮安、廟灣、鹽城等處。蒙調千、百户郭宗撫等，領兵廟灣防勦。原任參將王元伯，把總周表，領兵淮城團練，運司判官馬侖，召募竈勇，本府同知劉一中，把總潘準，領官軍宋簡、周官等，鹽城等處住劄委官陳詔等，領兵船哨探。又調百户江東曉、賽文等，遶賊截殺。百户馬金赴馬邏巡檢司調兵。前項官軍安家銀兩、廩給、口糧，并雲梯關海州官軍月糧，及賞功等項，通共用過銀三千六百伍十三兩一錢。查得先該本院題留軍餉在庫事例，銀三千八百餘兩，除前支銷外，止有銀一百餘兩，尚有廟灣殺賊官兵賞功銀二百餘兩，不敷支用。52

亦即爲支付官軍之安家銀兩、廩給、口糧、月糧、賞功等項，雖竭盡在庫銀兩，仍短缺應支給在廟灣殺倭賊官兵的賞功銀二百餘兩。不僅如此，日後的防倭、討倭，也非有足夠的軍餉不可。所以必須設法籌措，方能濟用。然在處處被倭寇蹂躪的情況下該如何籌措？鄭曉又云：

> 切照今日倭寇初犯鹽城、廟灣，與洋麻港地方，雖該同知劉一中督兵盡勦，未及旋師，而日照倭賊又經贛榆、海州、沭陽、清河、桃源等處刼掠，數日之間，興師動眾，所費不貲。繼今以後，無一月無寇，無一月不防，官兵廩給、行糧，必得錢糧，方克濟用。況今府庫空虛，雖所屬州縣，俱有截留軍餉。但連年兵荒，兑軍本色，尚乞蠲貸。而截留錢糧，雖嚴行追徵，實各拖欠未納。兵機急如星火，臨時措處無及。合無乞於無賊府州，量將在庫堪動或緩解錢糧，借發一、二萬兩下府，以濟軍前急用。(53)

也就是說，希望從未受倭寇災害的府、州，借發在庫堪動，或緩解錢糧，以紓當前困境。

就江南而言，其籌措方式是：

> 浙直督撫儲（諸）臣以江西倭寇侵擾，調兵日多，糧餉不給，請借留淮、浙餘鹽，及南贛餉銀，各省庫〔銀〕接濟。(54)

戶部對此請求所作答覆是：

> 餘鹽銀屬京邊歲費，難以議留，贛州餉銀准借九萬兩，廣東、福建庫銀各十萬兩，江西、湖廣各五萬兩，更以兵部船料並各府應解均傜民兵銀存用。今日江南，軍餉孔亟，固當計慮，京邊歲費日增，尤當議處。宜行各司府編派均傜銀接濟。內除順天、應天、蘇、松、常、鎮等府免

編外，其餘司府俱預編一年。令南直隸淮、揚、鳳、徐四府州，浙江、福建、廣東、廣西、雲南五省銀，解南直隸、浙江軍門，……以備邊用。㊺

浙直督撫提出上舉奏疏的時間在嘉靖三十四年五月，這和鄭曉的上奏時期（六月）大致相同，而兵部之所以擬將福建，廣東兩省的銀子解往南直隸、浙江軍門備用，乃因當時該兩省的倭寇問題尚不嚴重之故。

福建在嘉靖三十四年當時，因倭患尚不嚴重，所以還可以把銀子解往南直隸、浙江軍門備用，不過當浙江倭寇南移閩、廣地區以後，其兵餉也感拮据而非設法籌措不可。《明世宗實錄》云：

以福建頻年倭患，兵餉匱竭，從撫臣游震得及左給事中郭〔汝〕霖議，留科舉銀四千二百兩，寺田銀八千六百七十兩，事例銀一萬六千餘兩，四十年分屯折銀一萬九千九百二十二兩，三十九年果品折銀三千八百三十六兩，蠟茶正價銀一萬四千一百九十三兩，補京價銀一萬四千三百八十七兩，俱免解部，以佐軍需。㊻

即游震得、郭汝霖等疏請上舉各項銀兩共八萬一千二百零八兩餘，免解戶部，以爲靖倭之需。又：

巡撫福建右僉都御史劉堯晦奏：「閩省自有倭患，歲增兵餉四、五十萬，後漸減至一十八萬有奇。原額雇募客兵三十四營六百餘名，後止留一十五營，主、客各半。至前任撫臣殷從儉，又放去客兵三營半，因減餉二萬八千有奇，歲額止一十五萬六百。今海賊未殄，前放去客兵既須募補，則亦當議足原餉。請留今（萬曆元）年稅契銀一萬，并暫借明年濟邊鹽折銀二萬二千二百〔兩〕，俟徵丁米銀補解。57

經戶部覆議結果，聽從劉堯晦的請求，仍請查該省存留餘糧徵抵兵餉，而俱得世宗同意。

就廣東而言，《明神宗實錄》曰：

兩廣提督正茂奏嶺海兵機，……廣東則海賊、山賊、倭賊、番賊、狼賊、猺賊、裏海賊，其種不一，非浙兵必不能衝鋒。議水、陸約用兵三萬，募浙兵八千，餘悉募土兵。俟教練既成，堪以衝鋒，漸汰浙兵。計用銀三十餘萬兩，因請本省額運錢糧停解三年，以充餉費。戶部言：「……其鹽課、鐵稅、贓罰事例銀，雖係濟邊，但該省急缺軍餉，酌停解二年，并以前拖缺者共八萬七千六百兩有奇」。報可。58

廣東地方短缺軍餉的原因雖未必全由委寇問題而來，但當時爲征剿倭寇而調動不少兵力，動支不少政府經費，實不容否認。結果，在軍費方面給政府帶來不少壓力。軍費既然短缺，就非設法籌措不可，其能採行的籌措方式，就是採提撥太倉銀、戶部糧草折銀、停解各種稅款、汰冗費及其他等來因應。

表一、嘉靖後期籌措軍費情形一覽表

典據：明世宗實錄

年月日	軍費來源	金額（兩）	用途	地區	卷第
三十二年六月丙子朔戊寅	汰冗費，省繁文	三四〇、〇〇〇以上	軍國調度	南京	卷三九九

三十二年九月甲辰朔癸丑	布疋、船料事例、折糧銀	二八〇、〇〇〇餘	濟軍興	蘇、松、常、鎭四府	卷四〇二
三十三年一月壬寅朔辛未	榷閭門商稅，留三十一年以前應解本色布銀	不詳	充軍費	蘇、松、常、鎭四府	卷四〇六
三十三年五月庚子朔	兵部草場銀，南京戶部糧草折銀	二〇、〇〇〇	募兵	京城內外及宿、邳等處	卷四一〇
三十三年五月庚子朔壬子	南京戶部銀	二〇、〇〇〇	備倭兵費	蘇、松二府	卷四一〇
三十三年五月庚子朔丁巳	太倉銀	六〇、〇〇〇	調撥山東民兵一支，及青州等處水陸槍手六〇〇〇名	揚州	卷四一〇
三十三年五月庚子朔丁巳	南京戶部銀 截留起運米	五、〇〇〇 二三〇、〇〇〇(右)	山東兵六、〇〇〇名之糧餉	揚州	卷四一〇
三十三年九月己亥朔壬寅	邊倉食糧本色兼徵	不詳	備海防	紹興府	卷四一四
三十三年九月己亥朔己酉	太倉州三十二年秋糧折兌銀 華亭縣 蘇、松、常、鎭四府	三五、〇〇〇餘 三六、〇〇〇餘 不詳	兵餉	江南	卷四一四

	三十三年兌運秋糧并派剩餘銀兩				
三十三年十二月丁卯朔乙亥	南京兵部積貯船料銀	二〇〇、〇〇〇	工食	南京地區	卷四一七
三十四年二月丙寅朔癸酉	淮浙餘鹽銀 南贛軍餉銀	一〇〇、〇〇〇 八〇、〇〇〇或九〇、〇〇〇	糧餉	南京地區	卷四一九
三十四年五月甲午朔丁未	贛州餉銀 廣東庫銀 江西庫銀 湖廣庫銀 兵部船料并各府應解均徭民兵銀 順天、應天、蘇、松、常、鎮四府以外之司府預編一年均徭銀 南直隸、淮、揚、鳳、徐四府，浙江、福建、廣東、廣西、雲南五省銀	九〇、〇〇〇 一〇〇、〇〇〇 五〇、〇〇〇 五〇、〇〇〇 不詳 不詳 不詳	糧餉	南京地區	卷四二三
三十四年五月甲午朔癸丑	量借閩、廣、江、湖四省糧餉	不詳	濟軍興	東南沿海	卷四二三
三十五年五月戊午朔戊辰	發銀糴米，并發存留預備倉儲；漕糧未過淮者，兩淮運司工本	不詳	充軍餉	江北	卷四三五

	餘鹽銀未解者				
三十五年七月丁巳朔己未	山東所屬六府均攤	四〇、〇〇〇	新調官兵七、〇〇〇名寧家	山東	卷四三七
三十五年九月丙辰朔戊午	太倉銀	六四、八八六餘	新召義勇及守墩官軍應調征倭兵馬之需	東南沿海	卷四三九
三十六年二月己丑朔乙未	鳳陽所貯糧銀，揚州沒官田租銀	二〇、〇〇〇	築寶應縣城工費	寶應	卷四四四
三十六年五月癸丑朔庚申	兩淮餘鹽銀提編三十七年均傜銀	二〇、〇〇〇 不詳	助軍興	揚州	卷四四七
三十六年五月癸丑朔庚申	海州、邳州、儀眞、興化、鹽城、宿遷、桃源、沭陽、贛榆、睢寧諸州縣本色馬匹盡徵其值，并原折馬價銀二兩	不詳	因倭患	江北	卷四五一
三十七年三月己酉朔乙亥	代辦鹽五十一萬五千五百十九引，每引加銀三錢	一半解部，一半備倭	備倭	江北	卷四五七
三十八年十二月戊戌朔庚子	預處錢糧	三〇、〇〇〇	供餉	留都	卷四七八

四十一年六月癸丑朔丙辰	科舉銀 寺田銀 事例銀 四十年分屯折銀 三十九年果品折銀 蠟茶正價銀 補京價銀	四、二〇〇 八、六七〇 一六、〇〇〇餘 一九、九二三 一三、八三六 一四、一九三 一四、三八七	佐軍需	福建	卷五一〇
四十二年九月丙子朔己丑	自有倭患以來應天、蘇、松等處加派兵餉銀	四三五、九〇〇餘	兵餉	江南	卷五二五
四十四年十一月甲午朔己酉	浙省自有倭警以來所加徵山蕩稅	五五、〇〇〇餘	兵餉	浙江	卷五五二
四十五年閏十月戊子朔庚戌	浙自倭寇侵擾，悉增田地山蕩稅	不詳	給召募兵餉	浙江	卷五六四

表一所錄列者乃自嘉靖三十二年六月起，至四十五年閏十月爲止，前後十三年半，因倭亂而額外支付的各種軍費。因這些資料均來自《明世宗實錄》，故或許有漏記、漏列者，雖然如此，卻可由此看出當時倭亂對國家財政所造成的影響是如何的大。

明朝當局除爲因應倭亂而從多方面設法籌措軍費外，對被災地區的難民也自非採取救濟措施不可。救濟難民雖有種種方式，但就與本文有關者言之，就是減免災區民衆的稅賦。減免稅賦的程度因時、地之不同而有異，其所採措施如表二。

表二、嘉靖後期因倭亂所採減免稅賦情形一覽表

典據：明世宗實錄

年月日	事由	卷第
三十二年十二月癸酉朔甲申	以蘇、松、常、鎮四府近遭倭患，除光祿寺物料并三十一年以前布疋外，其積逋二十七年至三十一年錢糧皆緩征。	卷四〇五
三十三年九月己亥朔	詔停徵蘇、松、常、鎮四府租一年，以被倭故也。	卷四一四
三十三年九月己亥朔癸亥	以倭亂罷浙江今年歲貢魚鮮。	卷四一四
三十三年十二月丁卯朔乙亥	以蘇州被倭，暫令滸墅鈔關收折色一年。	卷四一七
三十五年四月己丑朔癸卯	以直隸鎮海、太倉、金山、松江、青村、南滙諸衛所被倭，改徵屯糧折色一年。	卷四三四
三十五年九月丙辰朔戊午	以直隸通州、泰州、江都、泰興、海門、如皋六州縣被倭，免存留稅糧，有差。	卷四三九
三十五年九月丙辰朔乙丑	以直隸應天、池州等府水災，蘇、松、常、鎮四府被倭，各量免秋糧及折徵衛所屯糧，有差。	卷四三九
三十五年十月丙戌朔丁酉	以浙江桐鄉、平湖、慈谿、仙居、嘉興、秀水、嘉善、海鹽、崇德、海寧諸縣被倭，減免稅糧有差。	卷四四〇
三十五年十二月丙戌朔己亥	詔福建巡按御史查勘所部州縣被倭甚者，量留備用贓罰	卷四四二

	銀并預備倉穀充賑。	
三十六年九月辛亥朔丙子	以倭患免寶應、清河、天長、盱眙、安東五縣稅糧各如例，仍命賑卹傷重之家。	卷四五一
四十四年十月甲子朔丙子	初，福建興化府被倭殘破後，詔莆田縣一應起存錢糧，自四十年起蠲免三年。	卷五五一

表二所錄列者，乃明廷因東南沿海地區受倭寇刼掠所採的賑卹措施，而其採此種措施的時期，與各地區被害的時間大致能夠相對應。這表示當時政府雖因倭亂而財政困難，但對廣大地區的災民卻也不得不採若干救濟措施。我們雖無從得知其所採這些措施，是否使那些災民能獲多大幫助，惟就表中所見減免大都爲錢糧的情形觀之，其實際獲益的，可能都是地主階級，佃農與一般大衆則似乎無法享受到減免的好處。

又，當某一地區所受倭寇災害嚴重時，明廷都會採取免除各該地方的機關首長朝覲的措施。就表面上觀之，此種措施似與國家財賦並無關聯，然讓那些地方首長無須往返於任所和京城之間，而能夠將全副精神投注於災區的重建，使災區民衆的生活早日安定，恢復生產，如此則對充裕國家財賦必有相當之裨益。

茲將明廷在倭寇最猖獗的嘉靖後期，免除地方正官朝覲的情形表列如下：

表三、嘉靖後期免除地方首長朝覲情形一覽表

典據：明世宗實錄

年月日	事由	卷第
三十四年八月癸亥朔丁亥	以倭警，免南直隸、兩淮鹽運司、淮、揚、蘇、松、常、鎮等府，并所屬州、縣，及應天府之句容、溧陽、溧水、高淳、六合、江浦縣，廣德州建平縣，福建之福寧州，及福清、晉江、龍溪、詔安、寧德五縣各正官入覲	卷四二五
三十四年九月癸巳朔庚子	以倭警，免浙江、杭、嘉、湖、寧、紹、溫、台七府并所屬正官朝覲。	卷四二六
三十七年七月丙午朔戊午	以福建福、興、泉、漳四府及長樂、古田等縣被倭，免明年正官入覲。	卷四六一
三十七年閏七月丙子朔丁丑	以倭患，免蘇、松、常、鎮四府正官入覲。	卷四六二
三十七年閏七月丙子朔辛丑	以廣東倭患，免潮州府海陽、饒平、潮陽、揭陽四縣，及海北鹽課司正入覲。	卷四六二
四十年六月己未朔癸未	以倭警，免福建福州、泉州、漳州、汀州、興化等府所屬州縣正官入覲。	卷四九八
四十年六月己未朔丙戌	以寇警，免廣東惠、潮、南、廉等府，江西南昌、南安、贛州、廣信、吉安、臨江、袁州等府，并所屬州縣正官朝覲。	卷四九八
四十三年六月辛未朔庚子	以福建倭亂，免福、興、泉三府，及福清、莆田、南安、漳浦等縣正官入覲。	卷五三五
四十三年七月辛丑朔辛亥	以廣東倭亂，免惠、潮、韶、肇等府州縣官入覲。	卷五三六

由表一、表二、表三可知，在倭寇最猖獗的十六世紀中葉，亦即在嘉靖三十年代，明朝除設法籌措經費以濟軍興，採各種減免稅賦措施以爲因應，及免除各災區的各級地方首長之朝覲，俾使有較多時間處理善後外，也還從四方徵調客兵協助平定倭亂。我們雖無法由此三個表來瞭解東南沿海地區被災的詳情，卻可從而推知明代倭亂對國家社會所造成的傷害是如何的大。而采九德《倭變事略》〈序〉所謂：

> 自嘉靖癸丑歲（三十二年，一五五三），倭夷騷動閩、浙、蘇、松之境，中患我邑，數載匆靖。幸而漸就殲滅。然東南罷敝極矣。余世居海濱，目擊時變，追惟往昔，四郊廬舍，鞠爲煨燼；千隊貔貅，空塡溝壑。既傷無辜之軀命，復浚有生之脂膏。聞者興憐，見者隕涕。

當是以最簡短的文字記述此一時期之江南災情者。采九德是嘉靖年間在浙江海鹽縣任職的官員，他不僅曾經親眼看到倭寇肆虐的情狀，也還目睹海鹽地區被刼以後，哀鴻遍野的悲慘情形。故其所言信而有徵，而我們對當時倭亂所造成災害重大的推測應該八九不離十。

四、倭亂對國家財賦所造成的影響

明政府爲平定倭亂，不僅一再調兵遣將，招募兵勇，而且再三撥出太倉銀，或酌留各地應繳中央的稅款，以充軍餉，或蠲減錢糧，以甦民生。尤其在嘉靖初年，因佛郎機人東來騷擾東南沿海地區，及因日本貢使引發之寧波事件，致海禁趨嚴後，干犯海禁走私者日多，從而衍生的寇盜行爲日益嚴重。在倭寇侵擾下，不但農民的耕稼受到嚴重影響，一般生產事業也必遭波及，物資的流通也會發生問題。與之同時，因倭亂而來的財稅收入之減少，與政府爲平亂、救卹而增加的開支，必然給國家財政帶來負面影響。這種現象，在世宗即位後不久就已呈現。嘉靖二年（一五二三），御史黎貫言：

國初夏、秋二稅，麥四百七十餘萬石，今少九萬；米二千四百七十餘萬石，今少二百五十餘萬。而宗室之蕃，官吏之冗，內官之衆，軍士之增，悉取給其中。賦入則日損，支費則日加。[59]

黎貫所說歲出增加的原因雖不侷限於兵員增加，但因倭亂而擴充軍備所增加之軍費必非少數。[60]

迄至嘉靖二十年代末期，浙江巡撫朱紈失位後，倭亂較前猖獗。當時不僅須要征剿倭寇，還得重整軍備，這對國家財賦的影響當然更爲嚴重。

是時邊供繁費，加以土木禱祀之役，月無虛日，帑藏匱竭。司農百計生財，甚至變賣寺田，收贖軍罪，猶不能給，乃遣使者括逋賦。百姓嗷嗷，海內騷動，給事中張秉壺以爲言。戶部覆議：「天下財賦，每年實徵起存之例，夏稅、秋糧、馬草、屯田地租、食鹽錢鈔、稅課、鹽課、門攤之類，各有定數。成化以前，各邊寧謐，百費省約，一歲出入，沛然有餘。今則不然，京通倉糧，歲入三百七十萬石，嘉靖十年以前，每歲軍、匠支米二百八十萬石，廩中常有八九年之積。十年以後，歲支加至五百三十七萬石。抵今所儲僅餘四年。太倉銀庫歲入二百萬兩，先年各邊額用主兵年例銀四十一萬餘兩，各衛所折糧銀二十三萬餘兩，京營馬料銀一十二萬餘兩，倉場糧草銀三十五萬餘兩。一年大約所出一百三十三萬兩，常餘六十七萬。嘉靖八年以前，內庫積有

> 四百餘萬，外庫積有一百餘萬。近歲除進用、修邊、給賞、賑災諸項外，每年各邊加募軍銀五十九萬餘兩，防秋、擺邊、設伏、客兵銀一百一十餘萬兩，補歲用不敷鹽銀二十四萬餘兩，馬料銀一十八萬餘兩，商鋪料價銀二十餘萬兩，倉場糧草銀五萬餘兩。一年大約所出三百四十七萬，視之歲入，常多一百四十七萬。及今不爲之所，年復一年，將至不可措手矣。[61]

戶部所言歲出雖非全屬軍費，其軍費也並非全都用在東南沿海地區的禦倭方面，但揆諸當時因浙江巡撫失位後不復設此一職位，[62]致倭寇日漸猖獗的事實，則其用在這個地區的軍費之比例一定很高。也就是說，因邊防問題增加許多軍事上的開支。戶部又言：

> 太倉每歲額入銀二百一十二萬五千三百五十五兩。去歲（二十八年）合節年解欠及括取，共入銀三百九十五萬七千一百一十六兩，視歲額加贏矣。及計一歲之出，及至四百一十二萬二千七百二十七兩，視歲徵增一倍。京通倉糧歲運三百七十萬石，先年常有八年之蓄，本年官軍工匠月糧歲支二百八十餘萬，京通蓄積僅餘五年。蓋因連年戍邊、募軍諸費不次增添。……[63]

亦即嘉靖二十八年當時的歲入，從帳目上看，是較往年增加了，理應可使帑藏更爲充裕，卻因軍費支出多一倍，致財計絀乏。

如據戶部的統計，嘉靖十九年各邊境的修邊銀近八十萬。惟至後來，因倭寇日漸猖獗，所以調動客兵的次數與人數也隨著增加。二十八年以後，客兵銀每年增加二百餘萬兩，募軍、調發等銀歲加一百餘萬兩。在這種情形下至三十三年時，京通倉米不滿一千萬石，僅能供應兩年支費。太倉所貯庫銀不滿三、四十萬兩，而應發各鎮年例尚欠七、八十萬兩；各項商價則尚欠二十八萬兩，而光祿借、補供應軍士冬衣還未計算在內，故國用困窘，未有甚於此時。㊹漕運侍郎鄭曉云：

因今（三十三）年春末夏初海寇猖獗，……乞寬秋糧，以救民生，事亦止因江北四府三州秋糧難徵，請乞蠲減之計尚未知，即今海寇猶未歛戢也。及照浙江杭、嘉二府，直隸蘇、松、常、鎮四府，皆財賦重地。嘉靖三十三年，既因賊寇夏麥未得全收，秋苗未得全種，幸而稍有得種者，久罹旱魃，屢經賊寇，秋禾未得登場，夏麥未得入土。兩年三熟，收成失望。富厚之家，已難支持，貧細之民，盡皆逃徙。重以疫屍、餓莩轉於溝壑，征兵饋餉，急於星火。……萬一海寇今冬未得解散，明春益復縱橫，則耕稼方興，必貽田畯之憂，舟車所至，必有萑蒲之警。年復一年，何時休息？田賦日縮，軍旅日煩，民力日疲，國計日乏矣。㊺

由此一奏疏的內容觀之，當時使國家財賦陷於困窘的，雖有旱魃等天災的因素存在，但其最大原因，應該是倭寇的猖獗。由於倭寇猖獗，不僅使當地居民無法安居樂業，辛苦栽種的作物也未必能夠全都加以收穫。因此，即使是富有之家，也難於支持，貧困者便只有逃亡以避徵兵、徵餉。復因隨寇亂而來的疾疫之流行，更加深民衆的困苦。結果，遂導致田賦日縮，民力日疲，國計日乏。戶部因言：

夫計近日之費，固已慮濟用之難，若逆將來之費，而圖善後之策，則猶有可寒心者！蓋往者海內安寧，時歲豐登，邊陲無久戍之兵，郡縣無流徙之民；倉廩充盈，閭閻殷富；本部得以借往時之積，窮搜括之計，資外以供內，借有以濟無，猶之可也。今太倉乏數年之蓄，而耗蠹者日倍于前；內帑缺見年之用，而仰給者日伺于後。加以兵戈迭見，水旱頻仍。輸運不前，而且欲乞免以圖存；搜括不繼，而且欲請計以助費。則漕糧求四百萬之數，銀庫求二百餘萬之銀，固已難集。而京師百萬生靈之眾，何所倚恃？各邊主客兵四百餘萬之資，何所給發？各寺、庫數十萬兩之費，何所措辦？欲加派于民，而民力已困；欲借用于官，而官帑已虛。又將何施而可哉？㊱

由於征倭戰役不斷，水旱災一再發生，致影響了漕運。加以各地方政府又相繼請求將應解中央的錢糧，留在當地支用，致國庫不但始終無法達到預期的儲存目標，而且也無法發放邊境所需軍費，與各寺、庫所請求之經費。因此，戶部又言：

臣等以凡庸司國計，值此財用殫竭之時，莫知握算縱橫之畫。故願陛下博訪廷臣而集眾思焉，俾各述所見，各攄所懷。于臣等所列增設、加添、因循、侵冒四者，詳議其汰存節縮之宜而裁擇之，庶群策畢陳而經制之長利可舉矣。㊲

只因天災、倭禍導致國庫空虛，無法支應各方所需錢糧，所以戶部不得不請世宗徵求各臣意見，藉求擺脫此一困境的因應之道。戶部的此一請求雖獲世宗同意，但因受資料的限制，無從得知世宗徵詢諸臣意見的結果。然就日後的國家財賦問題未獲改善的情形觀之，當時似未找出解決之道。在這種情形下，世宗乃下令清查太倉中庫所積貯銀兩的數目。戶部清查的結果是：

先年財賦入多出少，帑藏充盈，續收銀兩，貯于兩廡，以便支發。中庫所藏不動，遂有老庫之名。嘉靖十八年後，因邊方多故，支出八十八萬九千兩有奇，今實存一百一十三萬六千兩有奇。⑱

亦即太倉中庫原貯有二百萬餘兩，然在嘉靖十八年以後，因邊境寇亂頻仍而已用去五分之二以上。所以世宗遂下令：「中庫所貯，爲備緩急之需，務足一百二十萬兩之數。非有旨欽取，不得妄用」。⑲就太倉外庫銀言之，也因東南苦倭患，其歲入也僅有常數之半，致無法因應邊防之所需。⑳

這個時期的邊患，雖尚有宣大的虜警而不侷限於倭寇之寇掠東南沿海郡縣，但嘉靖三十年代的倭患之達於極點，可由釆九德《倭變事略》，鄭若曾《籌海圖編》，徐學聚《嘉靖東南平倭通錄》諸書，及《明世宗實錄》、《明史》的許多相關記載獲得佐證。

帑藏既已匱竭，入不敷出，自非設法增加歲入不可。謀求增加歲入的最佳捷徑，就是額外提編，亦即增加稅賦。但此提編不僅衍生官員之操守問題，也留下若干嚴重的後遺症。有關後遺症問題，容於稍後論述。值得重視的是：增加稅賦雖能解決財政困窘於一時，但也使不肖官員藉機斂財，增加人民痛苦。工科給事中徐浦言：

浙、直、福建，近因軍興，經費不敷，額外提編，以濟一時之急。比以奉行匪人，因公倍斂，民不堪命。今事勢稍寧，正宜培植休息，別求生財之道，而督撫胡宗憲、阮鶚乃于加徵存留之外，仍前提編。節年所費，漫無稽考。前南京御史愼蒙奏止提編，并請以軍門錢糧，歲終差給事中清查，及參原任吏部郎中呂希周指名和買，侵官銀至三萬餘兩，欲嚴行追究。㉑

即當時擔任浙江總督負征勦倭寇總責的胡宗憲，與擔任福建巡撫，負責福建之平倭工作的阮鶚，及經辦人事的吏部郎中呂希周等人，他們本應設法早日平定寇亂，使民生復蘇。但他們不僅未能體恤人民困苦，反而在加徵、存留之外，仍前提編，中飽私囊，或侵用官銀，致爲徐浦所舉發。後來，胡宗憲仍以貪瀆罪名被給事中羅嘉賓，御史龐尙鵬等人告發⑫，阮鶚也因歛括民財，被御史宋儀望等交章彈劾，被黜爲民。⑬

且說徐浦雖疏請嚴行追究胡宗憲、阮鶚、呂希周等人的貪瀆行爲，而世宗也將這個案子交給戶部處理，但該部尙書方鈍竟依違兩端，蔓辭塞責，既想以年終查盤責成巡按，復使其酌議提編可否具奏。因此，徐浦乃請罷黜方鈍，以戒大臣之不忠者，並將呂希周處以應得之罪。同時也還請降勅制止軍門提編，至年終時，差遣給事中前往江南稽查。更請嚴諭胡宗憲、阮鶚，凡事要樽節，不可浪費，增加人民困擾。⑭惟當此一奏疏交到戶部時，方鈍言：

民困固所當恤，倭情尤爲可慮。設使地方無備，一時倭患突至，則其（焚）刼殺傷之慘，將有甚於提編、加派之苦者。夫御史風紀之官，剔弊釐奸，乃其本職。使其盡心所事，必不至互相掩飾。若恐其弗躬弗親，轉委屬官，則給事中查盤，亦不過憑據司、府造報數目，轉委司、道等官檢對磨勘而已。而況地方多事，差官適以擾民，似不如就近責成于巡按御史之爲愈也。且兵無定形，勢難逆料。人馬之虛實，糧餉之增減，時勢之緩急，皆非臣等所可遙議；惟地方巡按能目見而心計之，故加派、提編，必聽御史斟酌具奏，乃可議處施行。事體宜爾，豈敢以蔓辭塞責哉。所云逮問呂希周，及切責胡宗憲、阮鶚，宜如其議。⑮

方鈍認爲加徵、存留雖苦了民衆，但倭患更爲可慮，因爲一旦倭寇來到，不僅打家刼舍，還可能殺人放火。如果這樣，則其禍害將遠甚於提編、加派之苦。並且他又認爲與其從中央派遣官員前往江南稽查而擾民，不如就近責成巡按御史從事調查，瞭解實情。更何況當地倭情的變化難於逆料，所以非身在京城的官員所可遙議，而主張仍舊額外提編、加派，以濟一時之急。至於逮問呂希周，糾正胡宗憲、阮鶚等人的不法行爲，則贊成徐浦的意見。

由以上所論述者觀之，嘉靖年間發生於東南沿海地區的倭亂，不僅使明朝當局不時招募兵勇或調兵遣將，致政府爲因應此一寇亂而用去不少帑藏，當地民衆也因此無法從事生產而顚沛流離，甚至家破人亡。結果，嚴重影響了國家的財賦收入。當時的國家財政，非但入不敷出，而且有將往年貯存的錢糧用罄之虞。爲彌補財賦所作提編、加派措施，雖被部分不肖官員作爲斂財手段而衍生不少問題，但明朝當局卻認爲：「民固所當恤，倭情萬爲可慮」，亦即明政府雖明知提編、加派所衍生的弊端，但與倭患較之，則其害較輕微，故不得不仍然採取頗受訾議的，彌補國庫空虛的這種下策。由此，當可推知當時倭亂對明朝財賦所造成的影響如何大。

五、結　語

本文係就明嘉靖間，東南沿海地區倭亂所以猖獗的原因，倭寇肆虐的情狀，明廷對此一寇亂所採的因應措施，以及此一寇亂對明朝財賦所造成的影響等作初步的探討。由於相關資料，尤其有關財賦方面的資料有限，致無法作較深入的分析，故難免使預期的效果打了很大折扣。

當倭患日益嚴重之際，明朝當局爲賑恤災區民衆，往往採取減免稅糧，或停徵措施，但又由於調兵遣將，招募兵勇而增加鉅額開支，造成入不敷出，帑藏日益空虛，財政絀乏的現象。

爲充實國庫，在稅收方面曾經實施額外提編，但此額外提編卻給部分不肖官員帶來歛財機會，並留下嚴重的後遺症：

是時，東南被倭，南畿、浙、閩多額外提編，江南至四十萬⑯。……及倭患平，應天巡撫周如斗乞減加派。給事中何煃亦具陳南畿困敝。言：「軍門養兵，工部料價，操江募兵，兵備道壯丁，府州縣鄉兵，率爲民累，甚者指一科十，請禁革之」。命如煃議，而提編之額不能減。隆、萬之世，增額既如故，又多無藝之征，逋糧愈多，規避亦益巧。已解而愆限或至十餘年，未徵而報收，一縣有至十萬者。逋欠之多，縣各數十萬。賴行一條鞭法，無他科擾，民力不大絀。⑰

東南沿海地區的倭亂在嘉靖末年已大致平定，軍事上的開支較往日大爲減少，故其額外提編、加派，原應隨著倭亂之逐漸平息而有所減輕或取消。然在事實上，非僅未見減輕，反而有指一科十之弊。也就是說，倭患雖使當地居民受到嚴重災害，但那些不肖官員給他們帶來的損失與困擾，也難於估計。

兵科給事中李熙言：

今志士謀臣，焦心疚懷，爲國家抱長遠之慮者，孰不曰北虜南夷？……自嘉靖三十一年倭掠浙東，而吳越諸郡咸罹荼毒。南郡（都）根本之地，岌然震驚。其人民、廬舍、畜產，焚刼無餘矣。乃始蔓入福建，自嘉靖三十四年至四十二年八、九載間，福之人民、廬舍、產畜，殘破尤慘。故又轉而入廣，今又已十年餘矣。計受害不異前之福、浙，其凋敝耗乏，已無復可垂涎，彼之所睨盼而窺伺者，非福則浙耳，無他往也。……故臣以爲今日之計，宜專意海防。因條所喫緊六事：六曰：重剋減之禁。(78)

可見原爲紓解國庫空虛所採臨時性因應措施，竟變成地方官員用以剝削人民的手段。因此，當時倭患不僅給明政府造成財政上的危機，而且其爲紓緩財政困窘採行的提編，竟給不肖職官帶來貪瀆機會，這當是明政府始料未及的。

得在此附帶一提的就是：當倭亂猖獗而採稅糧之減免措施時，其標準如何？又當其要額外提編、加派時，以甚麼作標準使人民承受這額外負擔？在減免之後，又有提編之舉，在這種情形下，民衆是否眞正享受到減免的好處？這些也是值得我們探討的問題。

【註釋】

①：《元史》（臺北，鼎文書局，點校本），卷四六，〈順帝本紀〉，至正二十三年八月丁酉朔條。

②：《大統曆》，有明一代的曆法。

③：瑞溪周鳳，《善鄰國寶記》（續群書類從本），應永八年〈遣明表〉。參看鄭樑生，《明代中日關係研究》（臺北，文史哲出版社，民國七十四年三月），頁一五七～一六三，或《明・日關係史の研究》（東京，雄

山閣，一九八五年一月），頁一四〇～一四五。

④：瑞溪周鳳，《善鄰國寶記》，應永十五年〈大明書〉。

⑤：有關足利義持與明斷交事，請參看鄭樑生，《明代中日關係研究》，頁一九〇～一九五，或《明・日關係史の研究》，頁一六八～一七二。

⑥：佐佐木銀彌，〈東アジア貿易圏の形成と國際認識〉（岩波講座《日本歷史》，中世，三，東京，岩波書店，一九七六年四月）。

⑦：有關寧波事件的經緯，請參看鄭若曾，《籌海圖編》（四庫全書本），卷二，〈倭奴朝貢事略〉；鄭舜功，《日本一鑑》（商務印書館據舊鈔本影印本）〈窮河話海〉，卷八，「評議」條；葉向高，《蒼葭草》（明萬曆四十三年陳邦瞻等刊本），卷一九，〈日本考〉，嘉靖二年條；嚴從簡，《殊域周咨錄》（明萬曆間刊本），卷二，〈日本〉；夏言，《桂洲奏議》（明嘉靖間刊本），卷二，〈請勘處倭寇事情疏〉，張翀，《張都諫奏議》（明崇禎刊本），卷一，〈杜狡夷以安中土疏〉；《明世宗實錄》（史語所景印本），卷二八，嘉靖二年六月庚子朔戊辰、甲寅；卷三三，同年十一月丁卯朔癸巳；卷五〇，四年四月庚寅朔癸卯；卷五二，同年六月乙亥朔己亥各條；《明史》（臺北，鼎文書局，點校本），卷三二二，〈日本傳〉。參看鄭樑生，《明代中日關係研究》，頁三三四～三四八，或《明・日關係史の研究》，頁二八五～二九七。

⑧：有關佛郎機人來華騷擾事，請參看鄭樑生，《明代中日關係研究》，頁四三～四四，或三九～四〇，或《明史日本傳補正》（臺北，文史哲出版社，民國七十年十二月），頁四五九～四六〇。

⑨：《明史》，卷三二二，〈日本傳〉。
⑩：釆九德，《倭變事略》（明天啓三年海鹽原刊本，鹽邑志林之一），卷一，嘉靖三十三年四月十二日條。
⑪：鄭舜功，《日本一鑑》〈窮河話海〉，卷六，「流逋」註云：「嘉靖辛亥（三十年），海閩叔誘倭市列港（瀝港），往謁之，同行日本」。
⑫：同前註所舉書「流逋」條。
⑬：鄭若曾，《籌海圖編》，卷八，〈寇踪分合始末圖譜〉。茅坤，《紀剿除徐海本末》。許重熙，《嘉靖以來注略》（明崇禎六年序刊本）。姚士粦，《見只編》（明天啓三年原刊本，鹽邑志林之一），上，所錄《沈庄進兵實錄》提要。談遷，《國榷》（中華書局本），卷六一，世宗嘉靖三十五年八月丁亥朔辛亥條。鄭樑生，《明代中日關係研究》，頁四一二～四一九；《明・日關係史の研究》，頁三五七～三六四。
⑭：釆九德，《倭變事略》，卷四，嘉靖三十五年丙辰正月條～八月二十五日條。萬表，《海寇議》。
⑮：有關王直被消滅的經過，請參看釆九德，《倭變事略》〈附錄〉，及鄭樑生，《明代中日關係研究》，頁四〇九～四四八，或《明・日關係史の研究》，頁三七一～三八六。
⑯：《明世宗實錄》，卷四二五，嘉靖三十四年八月癸亥朔壬辰條。
⑰：《明世宗實錄》，卷四七〇，嘉靖三十八年三月癸酉朔甲午條。
⑱：《明太祖實錄》，卷一五三，洪武三年六月是月條云：「倭夷寇山東，轉掠溫、台、明州之民，遂寇福建沿海郡縣。福州衛出兵捕之，獲倭船一十三艘，擒三百餘人」。

⑲：福建省軍事志編纂委員會，《福建省志》（待出）〈軍事志〉，三，「抗倭戰爭」，嘉靖三十四年條。

⑳：乾隆《福清縣志》，卷二〇所引〈郭造卿與賊將軍言指揮童乾震死事書〉。

㉑：林希元，《林次崖先生文集》，卷六，〈上巡按二司防倭揭帖〉。

㉒：乾隆《福寧府志》，卷三九，〈赤岸堡記〉。

㉓：註⑲所舉《福建省志》所引《海濱大事記》，卷一，〈福州倭患始末〉。

㉔：同註㉒。

㉕：同前註。

㉖：谷應泰，《明史紀事本末》（四庫全書本），卷五五，〈沿海倭亂〉。

㉗：同註㉒。

㉘：同註㉒。

㉙：同註㉒。

㉚：民國《金門縣志》，卷一二，〈兵事志〉。

㉛：同註㉑。

㉜：乾隆《寧德縣志》，卷一〇，〈祥異〉。

㉝：同註㉑。

㉞：康熙《仙遊縣志》，卷一四，〈崇勛祠〉「解圍功德碑記」。

㉟：萬曆《漳州府志》，卷九，〈雜志〉，「兵亂」，嘉靖四十五年條。
㊱：《福建省志》〈軍事志〉，卷末語。
㊲：萬曆《廣東通志》，卷六，〈藩省志〉，嘉靖三十二年春正月條。
㊳：同前註書，卷六，〈藩省志〉；卷七〇，〈外志〉。乾隆《潮州府志》，卷三八，〈征撫〉。鄭若曾，《籌海圖編》，卷八，〈寇踪分合始末圖譜〉。
㊴：明刊《粵大記》，卷三二，〈政事類〉，嘉靖三十四年條。
㊵：乾隆《潮州府志》，卷三八，〈征撫〉，「潮州倭寇」條。
㊶：萬曆《瓊州府志》，卷八，〈海黎志〉。
㊷：同前註。
㊸：同前註。
㊹：同前註。
㊺：《明史》，卷三二二，〈日本傳〉。
㊻：朱紈，《甓餘雜集》（明萬曆間序刊本），卷二，嘉靖二十六年十二月二十六日，〈閱視海防事疏〉云：「總督備倭官黎秀，奉有專勅，以都指揮體統行事，海防，其職守也，臣相見之初，問軍數不知，問船數不知」。此疏並見於《明經世文編》（明崇禎年間刊本），卷二〇五，《朱中丞甓餘集》，卷一。
㊼：同前註。

㊽：《明世宗實錄》，卷四一〇，嘉靖三十三年五月庚子朔條。

㊾：同前註。

㊿：如據《明世宗實錄》，卷四一〇，嘉靖三十三年五月庚子朔己酉條的記載，巡按御史孫愼也提出與張經類似的建議。兵部覆之曰：「浙江、江北諸郡，倭患方殷，蘇、松二、三月間，所在告急。皆經略失人，軍令不嚴所致。乞勅巡撫屠大山，收召忠勇之士，申明悞軍之罰（罰，抱經樓本作罪）。仍榜諭沿海居民，有能奮勇殺敵者，如軍功陞賞，所得倭器，悉以與之。……一切軍費，悉從便宜區處。參政翁大立，無事，令往來蘇、松、常、鎭催給糧餉；有事，專住松江，以便調度」。

51：《明世宗實錄》，卷四一二，嘉靖三十三年七月己亥朔乙丑條，及卷四二四，三十四年七月癸丑朔丁巳條所引張經〈自理疏〉。又，永順、保靖兵在三十五年也被徵調，見同書卷四三五，三十五年五月戊午朔甲戌條。

52：鄭曉，《鄭端簡公奏議》（明隆慶四年嘉禾項氏萬卷堂刊本），卷一〇，淮陽類，嘉靖三十四年六月十二日，〈請留江北府州預編徭銀疏〉。

53：同前註。

54：《明世宗實錄》，卷四二二，嘉靖三十四年五月甲午朔丁未條。

55：同前註。

56：《明世宗實錄》，卷五一〇，嘉靖四十一年六月癸丑朔丙辰條。科舉銀，抱經樓本、內閣大庫藏舊朱絲闌精鈔本《實錄》俱作「庫銀」。

㊾：《明神宗實錄》，卷一九，萬曆元年十一月丁丑朔戊寅條。

㊿：同前註書，卷八，隆慶六年十二月癸丑朔條。

59：《明世宗實錄》，卷二七，嘉靖二年五月庚午朔辛未條。

60：參看《明史》，卷七八，〈食貨〉，二。

61：《明世宗實錄》，卷三五一，嘉靖二十八年八月戊戌朔己亥條。參看註六〇所舉書，卷七八，〈食貨〉，二。

62：有關朱紈失位問題，請參看《甓餘雜集》〈序〉；《明史》，卷二〇五，〈朱紈傳〉，及鄭樑生，〈明嘉靖間浙江巡撫朱紈執行海禁始末——一五四七～一五四九——〉，收錄於鄭著《中日關係史研究論集》，五（臺北，文史哲出版社，民國八十四年四月），頁一～三四。

63：《明世宗實錄》，卷三五六，嘉靖二十九年五月丙寅朔甲午條。

64：《明世宗實錄》，卷四一四，嘉靖三十三年九月己亥朔乙卯條。

65：鄭曉，《鄭端簡公奏議》，卷五，嘉靖三十三年十月二十四日，〈預處來年漕運疏〉。

66：同註64。

67：同前註。

68：《明世宗實錄》，卷四二四，嘉靖三十四年七月癸巳朔戊申條。

69：同前註。

70：《明世宗實錄》，卷四四四，嘉靖三十六年二月乙酉朔甲午條云：「上諭戶部問太倉銀數。尚書方鈍對言：

『外庫銀見在銀十四萬，奏給諸邊者計十九萬有奇。因貯積未之發也』。上曰：『太倉，財源也，今所積不勾常發之，何備之焉，欽取者亦不知備否？其開具回奏』。鈍言：『外庫見在之銀，其十萬兩者，即備欽取數也。十萬之外，僅餘四萬，待有續入者，當悉以供邊』。蓋由邇來東南苦倭患，歲入僅常半數，而京旁諸費，日益浩繁，以故隨入隨出，常發不能給耳」。

(71)：《明世宗實錄》，卷四五四，嘉靖三十六年十二月庚辰朔癸未條。

(72)：《明史》，卷二〇五，〈胡宗憲傳〉云：「宗憲多權術，喜功名。因〔趙〕文華結嚴嵩父子，……然創編提（提編）均徭之法，加賦額外，民為困敝，而所侵官帑，斂富人財物亦不貲。嘉賓、尙鵬還，上宗憲侵帑狀，計三萬三千，他冊籍沉滅」。按：給事中羅嘉賓，御史龐尙鵬曾於三十八年倭寇大掠溫、台之後奉詔往勘。

(73)：《明史》，卷二〇五，〈阮鶚傳〉云：「阮鶚者，桐城人。……以附文華、宗憲得超擢右僉都御史，代宗憲巡撫浙江。又以文華言，特設福建巡撫，即以命鶚。初在浙不主撫，自桐鄉被（徐海）圍，懼甚。寇犯福州，賂以羅綺、金花及庫銀數萬，又遣巨艦六艘，俾載以走。不能措一籌，而斂括民財動千萬計，帷帟盤盂率以錦綺金銀為之。御史宋儀望等交章劾，逮下刑部。嚴嵩為屬法司，僅黜為民。所侵餉數，浮於宗憲，追還之官」。

(74)：同註(70)。

(75)：同前註。

(76)：《明史稿》，卷六〇，〈食貨志〉作「四十三萬」，《明世宗實錄》，卷五二五，嘉靖四十二年九月丙子朔己丑條周如斗疏作「應天、蘇、松等處加派兵餉銀四十三萬五千九百餘兩」。

⑺：《明史》，卷七八，〈食貨〉，二。

⑻：《明神宗實錄》，卷七，隆慶六年十一月癸未朔戊申條。

明嘉靖間之寇亂與東南沿海地區的社會殘破

一、前言

自從嘉靖二年（一五二三）因日本貢使引發之寧波事件，①及佛郎機人之在浙江雙嶼、福建月港等地與中國通番者和日本私販——走私者互市，②更與海盜相勾結，掠賣人口，禍及平民，③給明朝當局帶來許多困擾與棘手問題，致海禁趨嚴。嚴行海禁以後，私販活動突轉猖獗。東南沿海地區所在通番，而以閩、浙爲尤甚。此一時期的私販活動與往日不同，前此干犯海禁下海者多爲生計所迫之沿海客商與貧民，在嘉靖年間從事私販者則既有閩、浙大姓和貴官家參與其間，復有私梟、船主與上層勢力掛鈎，交通官府，挾制有司，包庇窩藏，公然出海。有力者自出貲本，無力者輾轉貿易；有謀者詎領官銀，無謀者質當人口；有勢力者揚旗出入，無勢力者投托假藉，雙桅、三桅，連檣往來；愚下之民，以一葉之艇，送一瓜，運一罇，率得厚利。馴至三尺童子，亦知彼等爲衣食父母。④

初時，互市猶倭商主之，華商率爲奸利而負其貨值，多者萬金，少亦不下數千，索急，則避去。⑤及嚴通番之禁，遂移貴官家之手，而負其貨款者愈甚。⑥番人泊近島，坐索其所負貨款。久之而不可得，遂乏食，乃出沒海上爲盜，且往往搆難而有所殺傷。⑦日子一久，百餘艘盤踞海洋，日掠東南海隅，不肯離去。小民好亂者，相率入海從倭，兇徒、逸囚、罷吏、黠僧，及衣冠失職書生、不得志群、不逞者，皆爲倭奸細，爲之嚮導，⑧時時寇掠沿海州縣。

如據《明世宗實錄》的記載，海上之事初起於內地私販王直、徐海等，常闌出中國財貨與番客市易，而皆主於餘姚謝遷（弘治、正德年間大學士），遷頗抑其值。諸番客索之急，遷忖度負多不能償還，則以報告官府爲辭，加以恐嚇。諸番客既恨且懼，乃糾合其徒黨，夜刼謝氏。縱火焚其宅，殺男女數人，大掠而去。⑨備倭把總指揮白濬，千戶周聚，巡檢楊英，出哨於昌國海上而竟爲其擄去。指揮吳璋乃使總旗王雷持千二百金將其贖回，於是那些番客得志。故往往擄海隅富民以索鉅額贖款。與之同時，復有中國亂民刼掠私販財貨而往往得利，在此情形之下，地方遂多事矣。⑩

當那些寇盜從事刼掠時，非僅公然與政府作對，攻擊部隊與軍事設施，造成許多將士的傷亡，也攻城掠邑，致有不少官員死於寇亂。因此，地方殘破，戶口的損耗情形嚴重。職是之故，本文擬就這些問題作爲考察之重點，以窺此一地區在嘉靖三十年代所受倭寇寇掠的災情之一端。至於它對經濟、產業方面的影響等，則容於他日再爲文探討。

二、官軍之傷亡

在有明一代的靖倭戰役中有不少將士爲國捐軀，他們之傷亡，固由於奮勇上前，力盡矢絕，或寡不敵衆而終爲其所害，卻有一部分是肇因於軍備廢弛，軍紀敗壞，軍心怯懦，或警覺心不高所致。

朱元璋於洪武四年（一三七一）十二月，命靖海侯吳禎籍方國珍所部溫、台、慶元三府軍士，及蘭秀山無田糧之民凡十一萬人，隸各衛爲軍。五年，命浙江、福建造海舟防倭。明年，聽從德慶侯廖永忠之言，命廣洋、江陰、橫海、水軍四衛增置多櫓快船，並詔吳禎充總兵官領四衛之兵，而京衛與沿海諸衛之軍亦悉聽其節制。十七年則命信國公湯和巡視海上，築山東、江南北、浙東西沿海諸城。後三年，更命江夏侯周德興抽福建福、興、漳、泉四府三丁之一爲沿海戍兵，移置衛、所於要害處。築城十六，及先後置三山、瀝海等八千戶所以屯兵設守。二十一年，又命湯和行視閩、粵，築城，增兵，在福建沿海置五指揮使司，領十二千戶所。迄至二十三年，則聽從衛卒陳仁之言，建造蘇州太倉衛海舟，旋令濱海衛所之每一百戶所及巡檢司各置船二艘以巡視海洋。此後，更聽從山東都司周彥之建議，建五總寨於寧海衛，與萊州衛八總寨，共轄小寨四十八，且命重臣、勳戚徐輝祖等分巡沿海各地。⑪因此，明初海防不可謂不嚴密。惟承平日久，軍心怠忽，維護不力，海防漸弛。所以在倭寇逐漸猖獗的嘉靖二十年代，已到船敝伍虛的地步。⑫嘉靖二十六年（一五七四）奉命擔任浙江巡撫，負責執行海禁的朱紈於檢閱海防後作如下報告云：

總督備倭官黎秀，奉有專勅，以都指揮體統行事。海防，其職守也，臣相見之初，問軍數不知，問船數不知。及令開報，則五水寨把總官五員，尚差職名二員，餘謄舊冊而已，稍加較對，通不相合。總督如此，其他可知。又如漳州衛與漳州府同城，官軍月糧少派三個月，至於銅山等所缺支二十個月，高浦等所缺支一十個月，其餘多寡不等，無一衛一所開稱不缺者。又如銅山寨官軍一千八百五十九員名，見在止有二百五十八員名，行糧缺支八個月。玄鍾澳官軍九百一十九員名，見在止有二百三十八員名，行糧缺支二十個月。浯嶼塞（寨）官軍三千四百四十一員名，見在止有六百五十五員名，行糧缺支兩個月。⑬

又云：

戰哨等船，銅山寨二十隻，見在止有一隻；玄鍾澳二十隻，見在止有四隻；浯嶼寨四十隻，見在止有十三隻。見在者俱稱損壞未修，其餘則稱未造。……又如巡檢司，在漳州沿海者九龍鎭等處共一十三司，弓兵九百五十名，見在止有三百七十六名。在泉州沿海者苧溪等處共一十七司，弓兵一千五百六十名，見在止有六百七十三名。至於居止衙門并瞭望墩臺，俱稱倒塌未修，無一衛、一所、一巡司開稱完整者。即漳、泉兩府如此，其餘可知。⑭

俞大猷亦言：

其能鬬賊者，吳淞江之福船七、八隻，劉家河二十隻，自餘纔供守禦、哨探、備取首級耳。⑮

戰備之廢弛情形如此，寇賊一旦來襲，又怎能抗禦？當時，倭寇時常設伏，官軍雖一再中其詭計，也未因而提高警覺，故仍不時中其圈套，犧牲不少兵員。例如：

○倭寇台州。巡按御史檄知事武緯禦之。緯，突入賊中。伏發，眾潰，緯死之。⑯

○山東兵復追擊倭寇，至採淘港，乘勝深入。伏起，我兵大潰，溺水死者千人，指揮劉勇等死之。⑰

○保靖宣慰彭藎臣，領兵數千至，胡（宗憲）公使人傳語曰：「賊善伏，且知分合，……彭不聽，乘銳直前，果遇伏，墮賊計，挫於石塘灣」。⑱

在官軍將領中雖有人知賊寇善設伏而警告不可輕舉妄動，卻無視於此而冒然深入敵中的作爲，也是造成官軍重大傷亡的因素之一。

官軍軍紀之敗壞，亦當爲使其傷亡慘重的原因之一，戚繼光論當時軍中情形云：

名將所先，旗鼓而已。近見東南人不知兵，旗無法制，率如兒戲。……方色混雜，不可辨認。而臨陣分合，更與旗無干。聽兵用手逼口爲哨聲，卻以旌旗爲擺隊之具，金鼓爲飲宴之文。至有大將名胄，而亦烏合縱橫，一聽兵士紛沓。一隊數色，一陣數令，以勝負付之自然，以進退付之無可奈何。⑲

統馭無術，行調無制，募屯無法，訓養無方，軍器戈矛，幹脆而鐵鏽，甲胄線穿而紙糊，⑳或老師縱寇，濫叨功賞，㉑或坐視不救，㉒或望見敵人即潰散㉓等違反軍紀的行爲，也勢必影響勦倭工作而增加無謂的傷亡。

當時官軍雖有上述之缺點而或多或少的影響征勦倭寇的工作，惟就整體上言，官兵們多能臨陣奮勇上前，與倭寇作殊死戰。例如：

○鎮撫彭應時，與賊戰于乍浦，死之——。應時，山陰人，以儒生中武科，授本衛鎮撫。都御史王公忓知其材，檄使練士。會賊首蕭顯爲參將盧鏜所攻，自松江走入浙境，王公令應時截之于海塘。至乍浦，賊掩至，乃奮鬪，身被數創，猶督戰不已，遂死於陣。㉔

○倭寇萬餘，趨浙江邑林等處，佐擊將軍宗禮，帥兵九百人禦之於崇德三里橋，三戰俱捷，斬首三百餘級。賊首徐海等皆辟易，稱爲神兵。會橋陷，軍潰，禮與衡，忠義官霍貫道俱死之。……

……禮，驍勇敢戰，所部箭手三千人皆壯士。及是役，論者謂：「兵興以來，用寡敵眾，血戰第一功」。禮雖陷敗，然海等亦病創奪氣，未幾，遂就撫云。㉕

○參將丘陞，與賊戰於七竈洪，死之——陞，北方驍將也。歲丁巳，倭犯淮揚。陞提兵應援，屢立戰功。寇平，督府因留之。每戰輒身先士卒，凱旋則殿後行，賊見輒爲引避。至是，單騎搦戰，故遇害。㉖

可證。

倭寇在嘉靖三十年代極爲猖獗，惟在渠魁徐海、陳東、麻葉、王直等先後被消滅，寇亂便逐漸趨於平靜。海寇的綏靖雖與軍備的充實有關，但也是用兵進步的結果，而日本自豐臣秀吉以後的禁戢海盜活動，也應發生若干作用。㉗然使寇亂完全平靜的原因，則似在隆慶以後開放部分海禁，准許以海澄爲對外貿易之港埠，使國人得往販東西兩洋，解決他們的經貿問題。㉘

茲將嘉靖間官軍傷亡的情形表列如下：

表一：明嘉靖間剿倭官軍傷亡情形概況表

嘉靖年月	西元	傷亡情形	典據
三十一年三月	一五五二	廣東海寇寇瓊州，殺指揮陳忠言、胡松，百戶郁英。	世宗實錄卷三八三
三十一年四月	一五五二	寇入奉化，義士汪輗死之。	遇難殉節考
三十一年四月	一五五二	賊攻遊仙寨，百戶秦彪死之。	遇難殉節考
三十一年四月	一五五二	倭寇台州。巡按御史檄知事武緯禦之。緯突入賊中，伏發，衆潰，緯死之。	嘉靖東南平倭通錄
三十一年五月	一五五二	瑞安所百戶李潮、高良，戰於坡南匯高山，死之。	遇難殉節考
三十二年閏三月	一五五三	官兵與賊戰於烈港，軍人葉七死之。	遇難殉節考
三十二年四月	一五五三	賊抵新行鎮，所過殺傷十數人。……勇士茅堂、舒惠、敖震，素稱勇敢者皆戰歿。我軍死者十八人。賊自竹林廟經平湖縣地，典史喬父子率兵壯邀擊，喬遇害，兵士死者十七人云。	倭變事略
三十二年	一五五三	海寇犯太倉州，……是時有失舟倭四十人，突至浙江乍浦，……官兵前後遇之，皆敗。凡殺	世宗實錄卷三九七

四月		把總一，指揮四，千戶一，百戶六，縣丞一，所傷官兵無慮數百人。	
三十二年四月	一五五三	賊犯海鹽孟家堰，千戶宋應瀾死之。	遇難徇節考
三十二年四月	一五五三	賊犯杭州，指揮吳懋宣禦之於赭山，死之	遇難徇節考
三十二年四月	一五五三	賊破乍浦所，百戶陳綬死之。	遇難徇節考
三十二年四月	一五五三	把總馬呈圖，指揮采煉，百戶王相、姜楫、呂鳳、姚岑，與賊戰於海寧教場，死之。	遇難徇節考
三十二年四月	一五五三	賊犯平湖，百戶劉、黃與戰，死之。	遇難徇節考
三十二年四月	一五五三	犯白馬廟，指揮蔡死之。	遇難徇節考
三十二年四月	一五五三	犯南湖，把總陳，指揮胡死之。	遇難徇節考
三十二年四月	一五五三	倭犯三江港口，百戶陳、黃死之。	遇難徇節考
三十二年四月	一五五三	官兵追賊於海鹽海口巡司，千戶王繼隆，百戶楊臣、康綬死之。官軍死者二十人。	遇難徇節考、倭變事略
三十二年	一五五三	賊陷昌國衛，百戶陳表死之。	遇難徇節考

四月			
三十二年四月	一五五三	參將湯克寬，與賊戰於乍浦長沙灣，指揮陳善道，冠帶總旗張儒死之。	遇難殉節考
三十二年五月	一五五三	倭寇復入上海縣，燒劫縣市，……指揮武尚文及縣丞宋鰲俱戰死。	世宗實錄卷三九八
三十二年九月	一五五三	賊船十餘隻泊乍浦，湯公率兵來會，……賊出奇兵擊我，松陽葉十戶，嘉興沈隊長等四人被殺，兵民死者百餘人。	倭變事略
三十二年十月	一五五三	總兵湯克寬，督邳、漳等兵擊南沙倭，敗績，亡卒四百餘人。	世宗實錄卷四〇三
三十二年十二月	一五五四	賊登西匯嘴，千戶張應奎，百戶王守正、張永死之。	遇難殉節考
三十三年二月	一五五四	倭寇由上海黃浦逸出，攻松江府，官軍追戰，敗績，縣丞劉東陽死之。	世宗實錄卷四〇七
三十三年四月	一五五三	參將俞大猷，督兵剿普陀山倭寇，我軍半登，賊突出乘之，殺武舉火斌等三百餘人。	嘉靖東南平倭通錄 遇難殉節考 世宗實錄卷四〇八
三十三年四月	一五五四	官兵至孟家堰，與賊夾河而戰。賊誘我軍入伏內，四面攻殺。掌印指揮李元律，處州千戶薛綱及千總劉大仲皆力戰，死之，亡卒一千四百七十五人。	倭變事略 遇難殉節考
		賊掠糠節橋而歸，……時省城周都閫，及指揮	

三十三年四月	一五五四	徐行健，率兵兩路追賊。周自山南而下，徐自山北而合。徐失期，周行至菩提寺前，陣如半月形。……周墜馬被殺，兵亡過半。	倭變事略
三十三年四月	一五五四	賊入上海縣，指揮武尚文死之。	遇難殉節考
三十三年四月	一五五四	賊攻松江府，副千戶童元，巡檢李叢祿死之。	遇難殉節考
三十三年六月	一五五四	倭寇由吳江轉嘉興，署都指揮僉事夏光督兵禦之，背王江涇而陣。賊鼓譟而前，我兵大潰，光中流失死。	倭變事略 世宗實錄卷四一一
三十三年六月	一五五四	寇至太倉劉家河，衆約千餘，由官塘經崑山，抵儀亭，……湯、盧、夏、丁、劉五帥會剿於王江涇巡檢司前，勝之；……復戰於杉青閘百步橋，我師敗績。夏總戎遇害，殺溺官兵數百人。賊乘勝登北麗橋，城上射死一賊，退就石條街。燬劫一夜，焰燼亙數百里焉。	倭變事略
三十三年八月	一五五四	山東兵復追擊倭寇至採淘港，乘勝深入。伏起，我兵大潰，溺水死者千人，指揮劉勇等死之	嘉靖東南平溪通錄 世宗實祿卷四一三
三十三年八月	一五五四	賊屯李家澳，義士朱汀與戰，死之。	遇難殉節考
三十三年九月	一五五四	賊犯百家山，百戶趙軒、梁踰死之。	遇難殉節考
三十三年	一五五四	賊寇沈家河，都指揮周應禎死之。	遇難殉節考

九月			
三十三年十月	一五五四	百戶張曜，與賊戰於湖頭，死之。	遇難殉節考
三十三年十月	一五五四	賊至東陽南午嶺，巡檢朱純死之。	遇難殉節考
三十三年十月	一五五四	賊犯芙蓉海口，指揮戴杞，江九山千戶崔海，鎮撫劉彧，百戶易坎，死之。	遇難殉節考
三十三年十二月	一五五四	賊入嘉善縣，百戶賴榮華死之。	浙江倭變紀 遇難殉節考
三十四年一月	一五五五	正月朔，柘林倭，奪舟犯乍浦、海寧，攻陷崇德縣，又轉掠塘棲、新市、橫塘、雙林等處，復攻德清縣，殺把總梁鶚，指揮周奎、孫魯，百戶陸陵、周應辰、副理問、陶一貫，武生郭周、張景安、朱平、姚清等。	嘉靖東南平倭通錄 遇難殉節考 世宗實錄卷四二〇
三十四年一月	一五五五	賊……復抵杉青，……嘉興兵與賊戰，止獲四賊，而喪師三千，沒官十二員。	倭變事略
三十四年一月	一五五五	二十三日，先鋒丁（僅）總戎駐兵方炊，會大風起，……掩擊，我師大潰，覆千餘人，由是賊勢益振。	倭變事略
三十四年四月	一五五五	賊犯瑞安縣，守備劉隆，千戶尹，死之。	遇難殉節考
三十四年	一五五五	百戶劉夢祥，與賊戰於崇丘，死之。	遇難殉節考

四月			
三十四年五月	一五五五	倭舟三十餘艘，衆約千餘人，自海洋突犯蘇州青村所，……南京都督周于德引兵來援，一戰而敗，鎭撫孫憲臣被殺。	世宗實錄卷四二三
三十四年五月	一五五五	贛榆倭，流劫海州、沭陽，……此賊自日照登岸，不足五十人，流害兩省，殺戮千餘人。	世宗實錄卷四二三
三十四年五月	一五五五	原屯川沙窪倭賊突犯閘港，……分掠泗涇北簳山，僉事董邦政，遊擊周藩，引兵追擊于塘行。我兵驚潰，藩被創死，軍士死傷者三百餘人。	遇難殉節考 世宗實錄卷四二三
三十四年六月	一五五五	三板沙倭賊搶民船出洋，……是日，倭舟有被海風飄回者，舟壞，餘賊五十人屯嘉定民家。參政任環，以耆兵攻之，不克，傷亡幾三百人，乃投火民宅爇之，賊盡死。	嘉靖東南平倭通錄 世宗實錄卷四二三
三十四年七月	一五五五	指揮張大綱，生員陳淮，與賊戰於蘇州橫涇，死之，兵卒傷亡亦衆。……此賊自紹興高埠奔竄，不過六十七人，……殺戮及戰傷無慮四五千人，凡殺一御史，一縣丞，二指揮，二把總，入二縣，歷八十餘日始滅。	遇難殉節考 世宗實錄卷四二五
三十四年九月	一五五五	督察軍務侍郎趙文華，……浙兵分三道，直兵分四道，東西並進。賊悉銳衝，浙江諸營皆潰。我兵擠沉於水及自相蹂踐，死者甚衆，損失軍士凡一千餘人。直兵亦陷伏中，死者二百餘人，由是賊勢益熾。	倭變事略 世宗實錄四二六
三十四年	一五五五	官兵進搗陶宅賊巢，指揮邵昇、姚泓，生員于	遇難殉節考

九月		岳死之。	
三十四年十月	一五五五	倭二百餘人，自樂清岐頭登岸，流劫黃巖、仙居、寧海等處。所過焚戮，……至楓樹嶺、慈谿，領兵主簿畢清見殺。	嘉靖東南平倭通錄
三十四年十一月	一五五五	倭二百餘人犯福建莆田縣鎮東等衛，千戶戴洪、高懷德、張鑾俱戰死。	遇難殉節考 世宗實錄卷四二八
三十四年十一月	一五五五	百戶劉愍，與賊戰於麻園，死之。	遇難殉節考
三十四年十一月	一五五五	倭五千餘人犯浙江平陽縣，……殺協守指揮祁嵩。……又倭八十餘人犯舟山，……指揮閔溶，義士吳德四、吳德文與賊戰，死之。	遇難殉節考 世宗實錄卷四二八
三十四年十一月	一五五五	倭寇犯福建興化府涵頭鋪等處，平海衛正千戶丘珎，副千戶楊一茂與戰，死之。泉州衛指揮僉事童乾震直奔其壘，斬十餘賊，亦被害。	世宗實錄卷四二八
三十四年閏十一月	一五五五	倭犯溫州府之平陽，守備劉隆率兵禦之，遇賊於三港，敗績，隆及千戶劉綱，百戶張澄，俱死。	嘉靖東南平倭通錄 浙江倭變紀 遇難殉節考 世宗實錄卷四二九
三十四年閏十一月	一五五五	川兵遊擊曹克新，擊倭於嘉定之高橋，賊……殺大渡河千戶李燦，成都衛指揮百戶鄭彥昇。川兵傷及溺死十四，諸軍奪氣。	世宗實錄卷四二九
三十五年	一五五六	松江新場倭，襲敗官軍於四橋，參將尚允紹等	倭變事略 嘉靖東南平倭通錄

一月		十六官員死之，亡其卒千餘。	遇難殉節考 世宗實錄卷四三二
三十五年一月	一五五六	賊犯青田縣，百戶方存仁死之。	遇難殉節考
三十五年三月	一五五六	福建總督備倭劉炌，千戶王月，與賊戰於石壁嶺，死之。	遇難殉節考
三十五年四月	一五五六	倭船二十餘艘，自浙江觀海登岸，攻慈谿，破之，殺鄉官副使王鎔，知府錢煥等，大掠而出，軍民死者數百人。	嘉靖東南平倭通錄 世宗實錄卷四三四
三十五年四月	一五五六	百戶劉夢祥，與賊戰於崇丘，死之。	遇難殉節考
三十五年四月	一五五六	賊衆至海鹽北王橋，指揮徐行健率兵迎戰，……徐力戰，死之，兵覆百餘人。	遇難殉節考
三十五年四月	一五五六	河朔兵有將軍宗禮，裨將霍貫道，鎮撫侯槐、何衡，遇賊，戰於皂林，死之。	倭變事略 遇難殉節考 世宗實錄卷四三四
三十五年四月	一五五六	賊犯嘉興，指揮程錄死之。	倭變事略 遇難殉節考
三十五年四月	一五五六	千戶沈宗玉、王世臣，與賊戰於金山江中，死之。	遇難殉節考
三十五年四月	一五五六	賊犯揚州，都指揮張恒，千戶羅大爵，百戶曾沂，死之。	遇難殉節考

三十五年五月	一五五六	千戶韓綱，百戶葉紳，與倭賊戰於七里店及樟村，死之。	遇難殉節考
三十五年五月	一五五六	遊擊將軍周藩，與賊戰於朱涇，死之。	遇難殉節考
三十五年五年	一五五六	巡檢劉岱宏，與賊戰於仙居縣東嶺，死之。	遇難殉節考
三十五年六月	一五五六	百戶帥印，與賊戰於青村得勝港，死之。	遇難殉節考
三十五年七月	一五五六	浙江巡按御史趙孔昭類奏：……倭犯兩浙前後官軍死事者……乍浦北王橋松門衛指揮程錄死，溫州府同知黃釗死，處州衛百戶方存仁死。	世宗實錄卷四三七
三十五年八月	一五五六	官兵進搗沈莊徐海賊巢，義勇劉進死之。	遇難殉節考
三十五年九月	一五五六	百戶郎官，與賊戰於臨海縣兩頭門，死之。	遇難殉節考
三十五年九月	一五五六	官兵搗乍浦賊巢，士官汪相、向鑾死之。	遇難殉節考
三十五年十月	一五五六	巡按直隸御史吳伯朋類奏倭犯揚州，前後諸臣死事狀。請追錄故同知朱袞，參將張恒，千戶羅大爵、張希嶽，百戶曾沂、王元，鎮撫楊住等。	遇難殉節考 世宗實錄卷四四〇

三十五年十二月	一五五六	官兵與賊戰於舟山，冠帶把總莫翁送死之。	遇難殉節考
三十六年五月	一五五七	揚州倭自淮子沙進犯天長縣，都司沃田，巴總嶽君龍禦之，皆敗死，亡其卒壹百柒拾餘人。	遇難殉節考 世宗實錄卷四四七
三十七年一月	一五五八	賊陷蓬州所，百戶李日芳等死之。	遇難殉節考
三十七年二月	一五五八	廣東僉事萬仲，分部水陸兵爲東西哨攻倭，……領哨千戶魏岳、島洪死之。	遇難殉節考 世宗實錄卷四五六
三十七年三月	一五五八	百戶秦杭，與賊戰於梁灣港，死之。	遇難殉節考
三十七年四月	一五五八	倭千餘，攻福建惠安縣，……丁壯死者數百。	世宗實錄卷四五八
三十七年四月	一五五八	致仕僉事王德，與賊戰於龍灣，被圍，死戰，遂遇害。	遇難殉節考
三十七年四月	一五五八	指揮劉茂、朱廷鑰，千戶周賓，百戶季爵、劉源等與賊戰於白巖塘，死之。	遇難殉節考 世宗實錄卷四六〇
三十七年六月	一五五八	觀海衛百戶（闕名）與賊戰於柯梅，死之。	遇難殉節考
三十七年十月	一五五八	賊掠磚頭北塔，守備楊簠，因貪功力戰而前，故死之。	遇難殉節考
三十八年	一五五九	賊犯樂清，千戶胡鳳、朱璠、胡珊，百戶姚憲	遇難殉節考

三月		死之。	
三十八年三月	一五五九	官兵與賊戰於奉化之江口橋，武生蔡啓元死之	遇難殉節考
三十八年四月	一五五九	江北倭趨通州，總兵鄧城遣兵禦之，敗績，指揮張容死之。	世宗實錄卷四七一
三十八年四月	一五五九	官兵與賊戰於灣頭，千戶蕭，百戶蘇死之。	遇難殉節考
三十八年四月	一五五九	千戶趙世勳，鎮撫韓胤，與賊戰於如皋，死之	遇難殉節考
三十八年四月	一五五九	官兵搗廟灣賊巢，千總沈儒死之。	遇難殉節考
三十八年七月	一五五九	江北諸軍追倭至鍋團，參將丘陞與賊戰於十竈洪，死之。	遇難殉節考 世宗實錄卷四七四
三十八年十一月	一五五九	指揮夏正爲王直黨徒所支解。	倭變事略 遇難殉節考
四十一年十一月	一五六二	倭寇攻陷興化府。初，賊至，先犯邵武，殺指揮齊天祥，轉掠羅源、連江等縣，殺遊擊倪祿，遂攻玄鍾所城及寧德縣，入之。會都督劉顯兵未至，賊遂襲入城，殺同知希世亮等。	世宗實錄卷五一五
四十二年二月	一五六三	福建興化倭寇，結巢崎頭城，與都指揮歐陽深相拒，久之不出。深望見其兵少，輕之，道前挑戰。伏發，深與其部下數百人皆戰死。賊乘	世宗實錄卷五一八

		勝攻陷平海衛。	
隆慶二年五月	一五六八	先是，倭夷犯溫州，原任廣東僉事王德率鄉兵禦之。德率兵出戰，後兵不繼，死於賊。	穆宗實錄卷二〇
六年二月	一五七二	倭寇分道犯廣東化州石城縣，攻破錦囊所，殺千戶黃隆，又陷神電衛縣城。	穆宗實錄卷六六
六年二月	一五七二	先是，廣東惠州海賊六百餘人，破甲子門所，殺千戶董宗儒及軍民二百餘人，掠二百餘人以去，撫寇朱良寶等遂反。名色把總韓國、李時魁領兵禦之。賊夜襲，破國等於洋崗寨，殺二十餘人，擄六百餘人。	穆宗實錄卷六六

由表二可知，當時官軍因征勦倭寇而傷亡之概況。惟表中所列的，僅爲衆多犧牲者之一部分，其未見於紀錄者應不在少數。又，因爲在各種資料中所見者，大都只提遇害將領或幹部之名而未言其他。然當那些將領或幹部陣亡之際，應有更多的其他戰鬥人員遇害。此事亦可由各種文獻紀錄中所記載，當時曾一再從全國各地調派軍旅——客兵前往東南沿海地區助征之事獲得佐證。

三、城鎮衛所之失陷與文吏的遇難

前文已說，明初嚴密的海防措施，至嘉靖年間已面目全非，毫無抗禦敵寇之力。此事就如海道副使譚綸所說：

衛所官兵既不能以殺賊，又不足以自守，往往歸罪於行伍空虛，徒存尺籍，似矣。然浙中如寧、紹、溫、台諸沿海衛所，環城之內，並無一民相雜，廬舍鱗集，豈非衛所之人乎？顧家道殷實者，往往納充吏承，其次賂官出外爲商，其次業藝，其次投兵，其次役占，其次搬演雜劇，其次識字，通同該伍，放回附近原籍，歲收常例；其次舍人，皆不操守。即此八項，居十之半，且皆精銳。至於補伍食糧，則反爲疲癃、殘疾、老弱不堪之輩。軍武不振，戰守無資，弊皆坐此。至於逃亡故絕，此特其一節耳。㉙

唐順之也說：

國初，海防規畫，至爲精密，百年以來，海烽久熄。人情怠忽，因而隳廢。國初，海島近處皆設水寨，以據險伺敵。後來將士憚於過海，水寨之名雖在，而皆自海島移至海岸。聞老將言：「雙嶼、烈港、浯嶼諸島，近時海賊據以爲巢者，皆是國初水寨」。㉚

在此情形之下，寇賊一旦來襲，則既無招架之功，也無還手之力，自屬必然。在靖倭各戰役中，其所以有時會有無謂的犧牲，除上述軍備的廢弛，軍紀的敗壞，及在戰鬪時欠缺警覺心而中敵伏等因素外，有時竟因敵寇來臨時之不肯策應，或因指揮官之一時大意，致所城被攻陷而居民慘遭屠戮、淫刼的事件亦曾發生。例如：當倭賊於嘉靖三十二年五月寇掠海鹽難遂其願而改攻乍浦時，

賊攻城連三夕，東、北二門外，賊造雲梯，高三四丈者數十。居民乘賊出掠，竊獲獻諸官。守巡命縣每梯賞銀三二兩。賊旋造旋失，以城有備，雖竭力攻之，無益也，遂開船竟往乍浦。登

> 城樓，躡其巔，望之，知其往乍也。顧謂眾曰：「乍難支矣」！時把總王應麟居守〔乍浦〕，會大雨，下令曰：「毋擊梆柝，靜聽之」！有頃，則遂瀰漫四入，而城陷矣。屠戮、淫刼，不勝其慘。傷哉此城！誰之咎耶？㉛

只因王應麟之一時大意而疎於防備，致乍浦之萬千軍民遭受一大浩刼。至如倭賊寇掠江北時則：

> 初，通州河之役，賊兵僅百餘人，鹽徒及脅從千餘人。時參將解明道擁眾兵居城中；揚州府同知朱裒，儀眞守備張壽松，軍城外；鳳陽巡撫鄭曉發兵往援，檄原任都指揮月輪將之。輪辭以非朝命不至。乃更檄兩淮通判馬崙，原任守備陳津往會千户洪岱等合戰，城內外兵無策應者。岱等孤軍敗，與千户文昌齡、王烈皆死。㉜

事後，解明道、張壽松、月輪等將領雖被處以應得之罪，但在此一戰役所造成之損失已無法挽救。如據《明世宗實錄》的記載，嘉靖年間的倭寇之攻陷城寨，始於三十一年四月癸丑朔丙子（二十四日）。曰：

> 漳、泉海賊，勾引倭奴萬餘人，駕船千餘艘，自浙江舟山、象山等處登岸，流刼台、溫、寧、台（紹）間，攻陷城塞（寨），殺虜居民無數。

《嘉靖東南平倭通錄》則曰：

> 嘉靖三十一年四月，倭寇台州。巡按御史檄知事武緯禦之。緯突入賊中。伏發，眾潰，緯死之。

而僅言倭寇台州，知事武緯中伏陣亡，並未提及溫、寧、紹各府同時被寇，及城寨被攻陷之事。

明年三月，渠魁王直勾結諸倭，大舉入寇，連艦數百，蔽海而至，浙東、浙西、江南、江北，濱海數千里，同時告警，破昌國衛。㉝四月，犯太倉，破上海縣，掠江陰，攻乍浦。八月，刼金山衛，犯崇明及常熟、嘉定。㉞三十三年正月，自太倉掠蘇州，攻松江，復趨江北，薄通、泰。四月，陷嘉善，破崇明，復薄蘇州，入崇德縣。六月，由吳江掠掠嘉興，還屯柘林，縱橫來往，如入無人之境。㉟三十四年正月，倭賊奪舟楫犯乍浦、海寧，陷崇德，轉掠塘棲、新市、橫塘、雙林等處，攻德清縣。五月，復合新到之倭，突犯嘉興，至王江涇，乃爲浙江總督張經擊斬一千九百餘級，餘賊奔往柘林。㊱十月，倭自樂清登岸，流刼黃巖、仙居、奉化、餘姚、上虞而被殺擄者無算。其間，靖倭督撫也由王忬、李天寵、張經、周琉、楊宜、胡宗憲而一再更迭。及工部右侍郎趙文華至江南祭海神並督察軍情而顚倒功罪，搆陷功臣，致對剿倭工作造成若干負面影響。㊲

在嘉靖三十年代前半，倭寇寇掠的地方以江南及浙之東西爲主，惟自渠魁徐海於三十五年八月，在浙江平湖之梁莊爲浙江總督胡宗憲所滅，及渠魁王直於三十七年正月，爲宗憲所誘捕，收押於按察司獄，情勢便有所改變。直在縲絏之中時，其徒黨以宗憲食言而憤慨異常，乃焚舟登舟山，據岑港固守以爲報復。越明年，新倭大至，屢寇浙東三郡。其在岑港之王直餘黨毛烈（王激）等，於直被捕之年，徐移之舟山群島之柯梅，造舟出海，同年十一月揚帆南去，泊泉州之浯嶼，掠同安、惠安、南安諸縣。攻福寧州，破福安、寧德而閩、廣各地屢遭其殃，連府城亦有被攻陷者。《明世宗實錄》云：

福建倭攻興化府城，陷之。倭自（四十一年）十月初犯福建，……始攻興化城不克，乃合兵薄城下圖之且匝月。至是，城守卒勞罷，賊瞷其懈弛，夜以布梯傳城入之，開門放火。城中方知賊至，百姓恇擾。參將畢高，參政翁時器悉縋城宵遁，同知希世亮爲賊所殺。賊遂入，據府，至來歲二月始敗。……㊳

由此觀之，興化府城不僅被攻陷，還被佔據達三個多月之久。

當倭賊來寇掠時，雖有如上海知縣喻顯科似的逃匿，或似福建軍務副都御史阮鶚之取布政司庫銀賄賂賊徒，使之離去，㊴更有如月輪之坐視不救者，但這些畢竟屬於例外，絕大多數官員都能盡忠職守，捍衛家園，爲國、爲自己轄區之平安而犧牲生命。例如：

○賊入崇明縣，知縣唐一岑死之，賊旋就戮。——賊夜襲，破縣城。岑與之巷戰，身被數刀，猶力戰。賊敗，出城。一岑傷重而死。㊵

○賊攻江陰縣，知縣錢錞出禦，戰死之。——時賊攻圍甚急，塡濠直逼城下，勢且陷。錢錞議欲出兵拒之。兵備副使王崇古不從。錞獨率民兵出城捍賊，力戰而死。然自是賊亦稍稍引去矣。㊶

○突犯惠安，知縣林咸與戰，死之。——賊自崇武分突惠安、永寧等地方。咸，率兵與戰，陣亡。官兵繼至，擊敗賊眾，賊乃退遁。㊷

由上文可知，當時不僅府州縣城屢被攻陷，地方官員也常遭殺害，這些事實對當時社會的秩序，產業的發達，物品的流通，或其他一切經濟活動，居住環境所造成之傷害，實難於估計。

茲將嘉靖年間東南沿海地區的城鎮、衛所被倭賊寇掠的情形表列如下：

表二：嘉靖年間倭寇寇掠城鎮、衛所情形一覽表

寇掠年月	西元	被寇掠城鎮
嘉靖十二年十月	一五三三	台州 溫州 寧波
二十六年六月	一五四七	台州 溫州 紹興 寧波 福寧州 寧波 台州
三十一年三月	一五五二	瓊州
三十一年四月	一五五二	紹興 寧波 象山 台州 普陀山
三十一年八月	一五五二	○黃巖
三十二年二月	一五五三	溫州
三十二年閏三月	一五五三	台州 松江 紹興 蘇州 湖州 寧波 嘉興
三十二年四月	一五五三	○臨山衛 松陽 海州 ○嵊嶼所 太倉 海鹽 太倉 海寧 乍浦 ○昌國衛
三十二年五月	一五五三	海鹽 寧化 ○上海 ○乍浦 奉化
三十二年七月	一五五三	上海 餘姚 ○南匯所 象山 慈谿 ○新場 錢倉 黃巖 會稽
三十二年八月	一五五三	嘉定 常熟 金山衛

三十二年九月	一五五三	上海　寶山　金山衛　崇缺
三十二年十月	一五五三	寶山　陶宅　太倉　福山港　南日水寨　周浦
三十二年十一月	一五五三	新場　南匯所　嘉定
三十三年一月	一五五四	松江　泰州　通州　蘇州
三十三年二月	一五五四	松江　黃浦　南日水寨
三十三年三月	一五五四	徐州　通州　泰州
三十三年四月	一五五四	○嘉興　○乍浦　海寧　嘉興　德清　○海鹽　松江　泰州　○崇
三十三年五月	一五五四	蘇州　○崇德　青村所　如皐
三十三年六月	一五五四	吳江　嘉興
三十三年七月	一五五四	○南陵
三十三年八月	一五五四	宜興　南京　南陵　杭州　常州　無錫　溧水　溧陽　秣陵關　惠 山　涇縣　滸墅關　蕪湖　徽州　旌德　柘林　嘉定　太平府
三十三年九月	一五五四	呂四場　海門
三十三年十月	一五五四	上虞　黃巖　仙居　奉化　樂清　餘姚　嵊縣　上海　金山　嘉興 永康　餘姚　東陽
三十三年十一月	一五五四	橫涇　松江　○青村所　湖州　嘉興

三十三年十二月	一五五四	紹興 健跳所 ○青村所
三十四年一月	一五五五	乍浦 海寧 ○崇德 新市 塘棲 雙林
三十四年閏一月	一五五五	青浦
三十四年二月	一五五五	淮安
三十四年四月	一五五五	福清 ○川沙窪 ○柘林 呂四場 狼山 海門 通州 淮陰 揚州 餘西 餘東 海門 淮安 鹽城 江陰 常熟 海州 狼山
三十四年五月	一五五五	王江涇 平望 嘉興 上海 崑山 陶宅 日照 安東 呂四場 淮安 贛榆 江陰 無錫 常熟 滸墅關 蘇州 沭陽 清河 海州 桃源 王江涇 常熟 ○周浦
三十四年六月	一五五五	上虞 江陰 杭州 會稽 爵溪 ○江陰 平望 吳江 嘉興 嘉定 三爿沙
三十四年七月	一五五五	杭州 淳安 涇縣 旌德 徽州 白茹港 江陰 金涇 寶山 太平府 江寧 秣陵關 蕪湖 江陰 三爿沙 ○南陵
三十四年八月	一五五五	夾岡 秣陵關 ○溧水 江寧 南京 淳安 宜興 常州 望亭 溧陽 陶宅 華亭 滸墅關 蔡廟港
三十四年十月	一五五五	○川沙窪 上海 南匯所 沈家門 上虞 台州 仙居 黃巖 樂清 寧波 寧海 會稽 ○周浦
三十四年十一月	一五五五	興化 鎮東衛 川沙窪 平陽 普陀山 福清 興化
三十四年	一五五五	○南匯所 平陽 樂清 上虞 會稽

閏十一月		
三十五年	一五五六	雙林
三十五年三月	一五五六	乍浦　松江
三十五年四月	一五五六	○慈谿　鎭江　山北　皀林　烏鎭　○慈谿　餘姚　梁莊　皀林 通州　清河
三十五年五月	一五五六	通州　清河
三十五年六月	一五五六	潮州　七了港　黃浦　○仙居
三十五年七月	一五五六	桐鄉　丹陽
三十五年八月	一五五六	梁莊
三十五年九月	一五五六	古田
三十五年十月	一五五六	○詔安
三十六年	一五五七	浯嶼　樂清
三十六年一月	一五五七	周浦
三十六年三月	一五五七	嘉興
三十六年四月	一五五七	觀海　呂四場　海門　如皋　金沙　泰興　通州　掘港　揚州　如 皋　高郵

三十六年五月	一五五七	徐州 揚州 淮安 ○寶應 ○天長 ○盱眙 泗州 廟灣 淮安 淮安 ○清河 ○安東
三十六年六月	一五五七	寶應 白茆港 海州 揚州 高郵
三十六年十月	一五五七	○岑港
三十六年十一月	一五五七	浯嶼
三十七年十七年 一月　月	一五五八	潮州 ○蓬州所
三十七年四月	一五五八	台州 泉州 福州 溫州 象山 樂清 興化 ○福清 惠安
三十七年五月	一五五八	南安
三十七年六月	一五五八	樂清 ○南安 泉州 ○福清 漳州 興化
三十七年七月	一五五八	岑港
三十八年二月	一五五九	詔安 漳浦
三十八年三月	一五五九	三爿沙
三十八年四月	一五五九	海門 揚州 海豐 ○黃岡巡司 饒平 泉州 ○福安 福州 福 清 福寧州 浯嶼 詔安 梅花洋 興化 漳州 漳浦 福州 福 寧州 連江 閩縣 羅源 揚州 淮安 白浦 海門 淮安 長樂 狼山 三爿沙 饒平
三十八年五月	一五五九	通州 ○永福

三十八年七月	一五五九	七星港
三十八年八月	一五五九	白駒場
三十八年九月	一五五九	永安　同安　泉州　福州　福清　惠安　漳州　興化
三十八年十一月	一五五九	長樂　福清　梅花洋
三十九年一月	一五六〇	○南匯所　泰興
三十九年二月	一五六〇	潮州　泰順　桐山
三十九年五月	一五六〇	平和　○崇武所　詔安
三十九年八月	一五六〇	沙縣　○泰寧
四十年二月	一五六一	沙縣　泰寧　閩清
四十年閏五月	一五六一	光澤　寧化
四十年閏七月	一五六一	台州　福寧州　溫州　詔安
四十年十一月	一五六一	汀州　泉州　○南靖　福州　漳州　興化
四十一年一月	一五六二	古田　永安　同安　南安　惠安　○永寧衛
四十一年七月	一五六二	寧波
四十一年十月	一五六二	政和　福清　福寧州

四十一年十一月	一五六二	連江　古田　玄鍾所　松溪　○政和　福清　梅花洋　○寧德　○壽寧　龍巖　○興化
四十二年一月	一五六三	潮州　玄鍾所
四十二年二月	一五六三	興化　長樂　政和　福清　連江　梅花洋　○寧德　羅源　○平海衛　饒平
四十二年三月	一五六三	福清
四十二年八月	一五六三	○平海衛
四十三年	一五六四	東莞
四十三年二月	一五六四	仙遊　同安　漳浦
四十三年六月	一五六四	甲子所　海豐
四十四年四月	一五六五	呂四場　通州　台州　溫州　福寧州　三沙巡司
四十五年	一五六六	寧波　漳州　漳浦　雞籠
隆慶三年三月年三月	一五六九	甲子所　○碣石所　海豐
四年一月	一五七〇	廣海衛
四年五月	一五七〇	○廣海衛　東莞　澄邁

六年	一五七二	文昌　樂會
六年二月	一五七二	化州　吳川　○錦囊所　○神電衛　○甲子門所　海豐　陽江　○高州
六年五月	一五七二	○神電衛　○錦囊所　○甲子所　惠來　廣海衛　雷州　廉州　瓊州　○雙魚所
萬曆二年七月	一五七四	寧波　○雙魚所
三年一月	一五七五	○雙魚所
三年三月	一五七五	電白
八年	一五八〇	東湧　澎湖
十年八月	一五八二	東湧　廣海衛　澎湖

1.典據：明實錄、籌海圖編。
2.地名依被寇掠先後排列，在同一日期被寇掠時則依筆劃排列。
3.地名前有「○」號者表示被攻陷。
4.如同一地名在同一欄內出現兩次，表示其在同一個月內被寇掠兩次。

由表二可知，倭寇最猖獗的時期在嘉靖三十二年至四十五年之間。自三十二年開始猖獗之倭寇，可與《明史》〈日本傳〉所記載同一時期之肆虐情形相印證。當徐海、陳東、麻葉等渠魁於三十五年七、八月間，在乍浦附近之梁莊爲浙江總督胡宗憲所滅[43]後，賊勢雖一時稍爲收斂，惟當渠魁王直於三十七年八月爲宗憲所誘捕，收押於按察司獄後，其徒黨遂恨自己之爲官府所紿，且痛懺悔之途梗塞，乃與他倭糾結，肆虐沿海府州縣以爲報復。㊹《明史》〈日本傳〉於記載嘉靖三十七年以後之倭寇寇掠的梗概時所謂：

逾年，新倭大至，屢寇浙東三郡。其在岑港者，徐移之柯梅，造新舟出海。宗憲不之追。十一月，賊揚帆南去，泊泉州之浯嶼。掠南安、惠安、同安諸縣，攻福寧州，破福安、寧德。

即說明個中情形者，而此一記載亦與表二所示三十七年以後之寇掠情形相符。至於宗憲不追擊南移倭寇的經緯，則請參看拙著《明代中日關係研究》，頁四二八至四四八，或〈胡宗憲與靖倭之役〉㊺。

由表二，我們亦可得知：從三十一年八月，黃巖被攻陷時起，至萬曆三年一月，雙魚所第三度淪陷爲止的二十四年間，府州縣城及衛所城之陷於賊手凡六十六次，其中，軍事要地有臨山、永寧、廣海、神電、平海、昌國等衛，嵊嶼、乍浦、南匯、青村、蓬州、崇武、竭石、錦囊、雙魚、甲子等十所，及黃岡巡檢司。此十七處軍事基地中，南匯所與雙魚所各被攻陷三次，蓬州、崇武、竭石三所與永寧、廣海、永平、昌國四衛各一次外，其餘九衛所各淪陷兩次；城鎮之被攻陷兩次者則有崇德、川沙窪、周浦、慈谿、寧德、福清等。因此，實際被攻破之軍事基地與城鎮之總數爲四十九處，一般城鎮之被攻陷者則有：黃巖、上海、新場、嘉興、海鹽、崇明、崇德、南陵、川沙窪、柘林、周浦、江陰、溧水、慈谿、仙居、詔安、寶應、天長、盱眙、安東、清河、岑港、福清、南安、福安、永福、泰寧、南靖、政和、寧德、壽寧、興化等三十二處，其中淪陷兩次者有崇德、南陵、川沙窪、周浦、慈谿、福清、寧德等七處。其被寇掠之地區則遍及整個東南沿海地區，與臺灣之澎湖、雞籠。因雞籠被寇時期在嘉靖末，故姑且將其列入四十五年。其有關整個明代倭寇寇掠的地區之分佈、寇掠的日期等，則請參看拙著《明代中日關係史研究》所附圖十二至圖十六。

至於地方文職官員的傷亡情形，就如表三所示：

表三：地方文職官員遇害情形一覽表

年月	西元	遇害經緯	典據
嘉靖三十一年八月	一五五二	倭寇破黃巖縣，由臨海釣魚嶺趨台州府。知府武暐率民兵伏拗嶺下待之。賊至，射殺二人。賊驚，乃旋。暐，督所部兵追至釣魚嶺，力戰而死。	世宗實錄卷四六〇
三十二年十月	一五五三	知事何常明，與賊戰於杭島山，乘勝追賊，中伏而死。	遇難殉節考
三十三年二月	一五五四	倭寇由上海黃浦逸出，攻松江府，官軍追戰，敗績，縣丞劉東陽死之。	世宗實錄卷四〇七
三十三年四月	一五五四	浙江倭寇破崇明縣，知縣唐一岑死之。	直隸倭變記 遇難殉節考 世宗實錄卷四二二
三十四年五月	一五五五	倭寇常熟縣，知縣王鐵（鈇）率兵乘城禦之。賊屢攻不克，移舟泊三里橋。鐵及致仕參政錢泮，率耆民、家丁追賊於上滄港，爲賊所掩擊，俱死。	直隸倭變紀 遇難殉節考 世宗實錄卷四二二

三十四年五月	一五五五	賊犯鳴鶴，省祭官杜槐死之。	遇難徇節考
三十四年六月	一五五五	倭進據江陰蔡涇閘，分衆犯唐頭。知縣錢錞統狼、民兵禦之，遇賊於九里山。時已薄暮，雷雨大作。賊伏兵四起，狼兵悉奔，惟錞及民兵八人，盡死於賊。	直隸倭變紀 遇難徇節考 世宗實錄卷四二三
三十四年七月	一五五五	高埠逃倭……至嚴州淳安縣，僅六十餘人，……乃趨南陵。縣丞莫逞以三百人守分界山。……賊遂入縣城，縱火大焚居民房屋。蕪湖縣丞陳一道，太平府知事郭樟，各承檄以兵來援。……一道所率皆蕪湖饒健，乃麾衆獨進，爲賊所殺。一道義男子義，橫身捍賊刃，之死。	世宗實錄卷四二四
三十四年八月	一五五五	賊自宜興奔蘇州，……流劫杭、嚴、徽、寧、太平、留都，經行數千里，殺戮及戰傷無慮數千人，凡殺一御史，一縣丞，……八二縣吏……。	世宗實錄卷四二五
三十四年十月	一五五五	故省祭官杜槐父文明，主簿畢清，與倭賊戰於楓嶺，死之。	直隸倭變紀 遇難徇節考
三十四年十一月	一五五五	生員胡夢雷，與堂兄應龍、操六等，率鄉兵與賊戰於東關，手刃數賊，力竭而死。	遇難徇節考
三十四年十一月	一五五五	儒士金應暘，與賊戰於母婆嶺，死之。	遇難徇節考
		江北倭寇流劫至岡山、山北等港，無爲州同知	

三十五年四月	一五五六	齊思，率舟師迎戰，敗之，斬首百餘級。思長子斂，次子嵩，叔仲賓，弟實、榮，姪寅、友良、大卿，孫童，俱在行。嵩年十八，驍勇善射，獨前追賊至安港，思等從之。會伏發，賊四面圍合，思等及其家丁錢鳳等二十一人力戰，皆死之，獨嵩、愼、寅三人得脫。	直隸倭變記 遇難狥節考 世宗實錄卷四三四
三十五年九月	一五五六	官軍與賊戰於雁門嶺，生員倪泰員死之。	遇難狥節考
三十七年四月	一五五八	倭攻福清縣，破之。執知縣葉宗文，劫庫獄，殺擄男婦十餘人，縱火焚官民廨舍。舉人陳見，率家僮擊賊，不克，與儒學訓導鄔中涵同被執，罵賊而死。	世宗實錄四五八
三十七年五月	一五五八	福建惠安知縣林咸，率兵攻倭於縣境之鴨山。乘勝追奔，陷賊伏中，死之。	世宗實錄卷四五九
隆慶二年五月	一五六八	先是，倭夷犯溫州，原任廣東按察司僉事王德率兵禦之。賊圍府城。德率兵出戰，後兵不繼，死於賊。	穆宗實錄卷二〇

由表三可知，當時地方文官在靖倭戰役中殉難的情形之一端，惟值得注意的是這些殉難者大都因執干戈禦賊而喪生。由於並非每一文官都有與賊作戰之能力，其手無縛雞之力的文弱書生亦必不少。所以寇賊一旦來襲，則他們之會慘遭殺戮，自屬必然，而這類人員之遠較爲捍衛鄉土而犧牲生命者爲多，可由該表三十四年八月欄所記：「凡殺一御史，一縣丞，……八二縣吏」之事實獲得旁證。地方

行政人員之遇害者既多，則此事之會嚴重影響地方政治之推動與執行，殆無疑慮。

四、戶口之損耗

那些倭寇既然攻城掠邑，殺害官員，則除姦淫擄掠外，對一般民衆也必有殺傷。徐學聚云：

是（正統四）年寇大嵩，入桃渚，官庾民舍，焚劫一空。㊻

尚書楊守陳則云：

正統中，……入桃渚，犯我大嵩。劫倉庾，燔室廬。賊殺蒸庶，積骸流血如陵。縛嬰兒於柱，沃之沸湯，視其啼號，以爲笑樂。捕得孕婦，則計其孕之男女，刳視以賭酒。荒淫污穢，至有不可言者。吾民之少壯，與其粟帛，席捲而歸巢穴。越野蕭條，過者隕涕。㊼

鄭若曾則記倭賊於嘉靖三十四年二月犯湖州烏鎮時，非僅殺掠數千人，而且殘殺生員錢欽之妻茅氏謂：

賊人突入。欽婦茅氏與姑引舟，卒遇之。賊業已擄姑，並欲及婦。婦時懷妊已九月，又携一幼男隨舟中。呼曰：「吾母子三人俱死矣」！即手抱男沉河而死。賊憤之，復抽刃剖其腹。路人聞之，無不流涕者。㊽

采九德更言當倭賊於嘉靖三十三年四月五日刼掠海鹽，自烏坵塘經馬家堰入姜家之際，非但殺其伯姪五人，更將其睡在床上之一小孩殺害，取其血漬酒飲之。㊾

上述者固爲倭寇暴虐事，但東南沿海地區的居民之因此一寇亂而死傷者指不勝屈。如就見於《倭變事略》者言之，則：

○嘉靖三十二年五月十八日，賊數犯平湖，居民死者百餘人。

○九月十二日，賊船十餘隻，泊乍浦，湯〔克寬〕公率兵來會。吾〔海〕鹽參戎盧公鏜援之，殺賊。賊出奇兵擊我；松陽葉十户，嘉興沈隊長等四人被殺，兵民死者百餘人。

○十一月，此上皆癸丑（三十二）年事，吾鹽被寇者四，死者約三千七百有奇。

○三十三年五月十一日，石墩賊攻澉浦城，取民家門蔽身以登城，幾陷鹽。典史李茂率兵飛石擊賊，殺數賊。解去。李放佛狼機，誤傷，幾墮。幸陴口隘，得免。賊回壘不得志，殺男婦千餘以洩怒，見者悲痛。

○二十六日，〔賊〕抵長安鎭。鎭爲四方通衢，其市民未四鼓即啓門張燈，以待上下河所到客船。賊與漳人及所擄民，佯就店家買飯。飯畢，遂分入客店擊殺。鎭民騷動出避，傷者、死者塞途；樂土一旦丘墟矣！

《明世宗實錄》則記曰：

○（嘉靖三十二年四月）江北倭掠海州，殺三百餘人。㊿

○流賊二百餘，……餘黨流入硤石鎭，歷長安、臨平諸鎭，至餘杭去。惟此賊深入内地，殺掠甚慘，數百里内，人皆竄亡，困苦極矣。(51)

○（三十四年）八月，……此賊自紹興高埠竄走，不過六七十人，流刼杭、嚴、徽、寧、太平，至犯留都，經行數千里，殺戮及戰傷無慮四五千人。52

〇（三十五年）四月，……倭船二十餘艘，自浙江觀海登岸，……軍民死者數百人。53

〇（四十二年）副總兵戚繼光，督浙兵至福建，與總兵劉顯、俞大猷夾攻原犯興化倭賊於平海衛，大破，平之。……縱所掠男婦三千餘人。54

倭賊不僅殺擄民人，也縱火焚燒官宇廨舍、民居，致人民流離失所。例如：

〇倭自（三十二年）閏三月中登岸，至六月中始旋，留內地凡三月。……崇明、華亭、青浦、象山、嘉興、平湖、海鹽、黃巖、慈谿、山陰、會稽、餘姚等縣鄉鎮，焚蕩略盡，向來所稱江南繁盛安樂之區，騷然多故矣。55

〇倭復入上海，……賊據城數月，焚燬廬廨略盡。56

〇高郵倭入寶應縣，信宿而去。……燒燬官民廨舍。57

〇倭攻福清縣，破之。……殺擄男婦數十人，縱火焚官民廨舍。58

〇倭入福建南安縣，縱火焚譙樓及官民廨舍。59

倭賊既刼掠東南沿海地區，公然抵抗官軍，使地方官員傷亡，更殺擄一般男婦，及焚燬官民廨舍，則必嚴重影響地方之治安。所以此一地區之居民不僅無法安居樂業，而且隨時都會有喪失生命、財產之危險。在此情形下，戶口之會因而有所損耗，自屬必然。茲以福建地方爲例，以窺當時因倭亂而戶口受損情形之一端。

1. 莆田縣

福建興化府莆田縣之被寇掠，始於嘉靖三十四年十一月壬辰朔乙未（四日）。《明世宗實錄》云：

> 倭二百餘人，犯福建莆田縣鎮東等衛，千户戴洪、高懷德、張鑿俱戰死。

該《實錄》同月庚申（二十九日）條則云：

> 倭寇犯福建興化府涵（涵）頭鋪等處，平海衛正千户丘珎，副千户楊一茂與戰，死之。

又如據上舉《實錄》的記載，該地區復於三十七年四月四日、六月二十日；三十八年四月五日、九月十六日；四十年十一月一日；四十一年十一月二十九日；四十二年二月二十八日被寇掠，且於四十一年十一月至翌年二月，陷入敵手達三個月之久。如據光緒五年《莆田縣志》，卷五，〈賦役志〉的記載，該縣在弘治五年（一四九四）有軍民等戶二六、二七一，口一六五、四八一；嘉靖三十一年（一四五二）有戶二七、九四三，口一六六、七三〇。亦即自弘治五年至嘉靖三十一年的約六十年裏，戶增一、六七二，口增一、二四九。惟至嘉靖四十一年，卻僅存戶二五、八五一，口一四七、三一六，亦即較十年前戶減二、〇九二，口減二一、四二四。又如據該《志》嘉靖四十一年戶口數下的雙行註，則其戶口之所以減少的原因在於受倭寇寇掠的影響。曰：「是年倭變，井邑蕭條」。

表四：莆田縣戶口變遷表

年分	弘治五年（一四九四）	嘉靖三十一年（一五五二）	嘉靖四十一年（一五六二）
戶數	二六、二七一	二七、九四三	二五、八五一
口數	一六五、四八一	一六六、七三〇	一四七、三一六

典據：清光緒五年《莆田縣志》，卷五，〈賦役志〉。

我們如再根據萬曆三年序刊之《興化府志》，卷四，〈田賦志〉的記載，其所錄莆田縣的上述三年分之戶、口數，與上舉《莆田縣志》的記載完全相同，並且在其〈田賦志〉之卷末記謂：

論曰：……吾郡國初黔黎繁庶，弘、正之間稍減異時。迨嘉靖壬戌（三十二年），兵役駢臻，十損四五矣。

可見興化府，尤其它所管轄的莆田縣戶口之所以損耗的原因，在於受嘉靖三四十年代倭寇寇掠的影響。而此事亦可由萬曆三年《興化府志》所記，在同一時期未曾被寇掠的仙遊縣戶口之持續增加的事實獲得佐證。

2. 福寧州

如據《明太祖實錄》的記載，福寧州早在洪武五年八月，已爲倭寇所掠，永樂十六年一月復遭蹂躪。此後百餘年間，平安無事。直至嘉靖二十七年六月，再受其害。《明世宗實錄》，卷三四〇，嘉靖二十七年九月癸酉朔己亥（二十七日）條云：

先是，六月二十七日，海賊嘯聚福寧州流江等澳，拒傷官軍。七月二十八日，仍流刼黃崎等澳。署印副使張謙，率兵擊敗之。

只因被擊敗，故未能達到刼掠之目的。同書卷四七一，嘉靖三十八年四月壬寅朔丙午（五日）條則云：

福建新倭大至，且多賫攻具，先攻福寧州城。經旬不克，乃移攻福安縣，破之。

倭賊携帶攻城用具攻福寧州，因經旬不克，乃移攻福安縣城，使之淪陷。但在八日後，卻又於福寧州之連江、羅源等處流刼。⑥⓪此後則於四十一年十月，及四十四年四月，先後兩次受其寇掠，⑥①致其戶口有所損耗。

如據萬曆二十一年《福寧州志》，卷四，〈食貨志・戶口〉條的記載，該州自嘉靖十一年起，至萬曆二十年之間的戶口之變遷情形是：嘉靖十一年有戶六、一三八，口一八、三六五；三十年後的四十一年有戶六、四五六，口一八、七一二；亦即在這三十年間，戶增三一八，口增三四七而速度緩慢。又，再經三十年後的萬曆二十年，其戶數爲六、五二九，口數一九、二三五。此與嘉靖四十一年較之，戶增七三，口增三四七，其戶數之增加數字雖不大，口數則較前三十年多出二九。如據該《福寧州志》，同卷「糧餉」條的記載：

嘉靖間，倭入閩，攻州城三晝夜，不拔而去。攻福安，陷之，再陷寧德。當是時，焚燒屠戮之慘，天地晦冥，而提兵者望塵走避，莫敢邇也。己未（三十八年），參將黎鵬舉覆倭舡於火焰山；壬戌，參將戚繼光殲倭壘於橫嶼；癸亥，把總金科、葉大正俘倭首於利埕。於是民憤稍舒，而荷戈之士始輕島夷，負壯志矣。

表五：福寧州戶口變遷表

年分	嘉靖十一年(一五三二)	嘉靖四十一年(一五六二)	萬曆二十年(一五九二)
戶數	六、一三八	六、四五六	六、五二九
口數	一八、三六五	一八、七一二	一九、二三五

典據：萬曆二十一年《福寧州志》，卷四，〈食貨志．戶口〉。

可見福寧州戶口的增加速度之所以緩慢，也是受倭寇蹂躪之影響。

3. 泉州府

泉州府之受倭寇寇掠，始於嘉靖三十七年。《籌海圖編》，卷四，〈福建倭變紀〉記謂：「五月，賊攻泉州府」，然後曰：

> 賊復自惠安進犯府城。巡按御史樊公獻科，自督兵敵退之。

萬曆四十年《泉州府志》，卷二四，〈雜志．海賊類〉三十七年五月初三日條則云：

> 〔倭賊〕至郡城石笱橋，燔民居。城中固守，乃從烏石南去。

該《志》，卷四，〈規制志．郡邑署〉更云：

> 嘉靖三十七年，倭入寇，譙樓燬。

可見泉州是在嘉靖三十七年始受寇掠。

泉州被寇掠的次數雖較其鄰近的福寧州或福清、莆田等縣爲少，但該府之戶口也因其寇掠而有所損耗之事實，無法否認。就表六觀之，嘉靖元年時，該府有戶四二、三三七，口二一二、九〇三，四十年後的嘉靖四十一年，其戶口理應有所增加，其實不然。戶數雖有四八、二四而較前增六、九〇六，但口數卻減爲一六九、九三五，亦即較前減少四二、九六八。在此以後，方纔有逐漸增加的跡象。自嘉靖元年至四十一年的四十年間，泉州府人口之所以劇減的主要年分，應在嘉靖三十年代後半，因爲如據《明世宗實錄》的記載，該府自三十七年至四十年的四年間，曾被寇掠五次，而其戶口之損耗，必係在此一時期。萬曆四十年《泉州府志》，卷六，〈版籍志〉上，「戶口」條所謂：

……自嘉靖以來，煦育日久，黎庶蕃殷。逮季年，倭夷入寇，兵火、癘疫之餘，戶口十損六七。……

……

可爲佐證。惟值得注意的是使泉州府之戶口減少的因素，除倭寇之肆虐外，尚有疾疫在作祟。

表六：泉州府戶口變遷表

年分	嘉靖元年(一五二二)	嘉靖四十一年(一五六二)	萬曆三十六年(一六〇八)
戶數	四二、三三七	四八、二四三	四八、七〇四
口數	二一二、九〇三	一六九、九三五	一九〇、三四九

典據：萬曆四十年《泉州府志》，卷六，〈版籍志食〉，二，「戶口」條。

由上舉三例可知，倭寇對戶口所造成之損耗是如何的大，如何的嚴重。這些事例固爲福建方面的，但在江浙方面的情形亦復如此。就日本貢使必經之地，且曾成爲渠魁王直徒黨毛海峰等人之巢穴的定海縣言之，該縣嘉靖二十一年之戶數爲一四、〇一七，口數三八、七一〇；十年後的三十一年之戶數未增加，口數則爲三八、七四八而僅增三八口；再經十年後的戶數、口數亦毫無增加。四十一年的戶口與三十一年雷同之現象容或有商榷之餘地，[62]然如從當時該地的情勢觀之，即使有所增加，其幅度也不可能很大。

表七：定海縣戶口變遷表

年分	嘉靖二十一年（一五四二）	嘉靖三十一年（一五五二）	嘉靖四十一年（一五六二）
戶數	一四、〇一七	一四、〇一七	一四、〇一七
口數	三八、七一〇	三八、七四八	三八、七四八

典據：嘉靖《定海縣志》，卷八，〈物土志〉，「戶口」條。

寇亂既使各地居民喪失生命財產，也使他們顛沛流離，所以在這種情況下，要使戶口持續增加，乃爲不可能之事。此就以今日動盪不安的國家如黎巴嫩、波士米亞等言之，亦復如此。

五、結　語

以上係就官軍之傷亡，城鎮之失守與文職官員之遇難，戶口之損耗等三個子題，來考察明嘉靖年間東南沿海地區因倭寇肆虐所導致社會殘破之一端。

筆者曾根據《明世宗實錄》，鄭若曾《籌海圖編》，采九德《倭變事略》，及徐學聚《嘉靖東南平倭通錄》等官方文獻，靖倭將領的幕僚之紀錄，地方官員的聞見記，或整理當時各有關倭寇寇掠之資料而成之著作，以考察當時官軍因靖倭而傷亡之情形。雖然如此，其未見載籍之無名英雄必不在少數。此事就如前文所說，許多文獻都只提爲國捐軀的軍官之名，埋沒了與那些將領同時犧牲生命的士卒之姓氏。所以我們絕不可認爲當時傷亡的官兵，只有在表一所錄列者而已。

就城鎮衛所之淪陷問題而言，其所以會失守的原因，除上述軍備廢弛，軍紀不振，軍心怯懦等因素外，各部隊間的默契不足，戰略失誤，警覺心低，或無城可守等，也都是使它們陷入敵手的重要因素。所以當時雖一再從全國各地調派部隊至東南沿海地區，但對整個靖倭戰役的助益並不大。幸虧後來因軍備逐漸充實，戰術日益進步，軍心漸次恢復自信，方纔將局勢扭轉過來。就如前文所說，寇亂之所以逐漸平息，除上述這些因素外，隆慶初年的開放部分海禁，民人可以往販東西兩洋，及日本豐臣秀吉在統一其全國後，限制其子民的海外活動等措施亦不無關聯。

在嘉靖年間，尤其在其三十年代，由於所在皆倭，使對整個東南沿海地區的戶口造成嚴重的損耗，致明初以來繁華富庶之區，毀在那僅僅十年前後的歲月之中。采九德云：

自嘉靖癸丑歲，倭夷騷動閩、浙、蘇、松之境，……東南罷敝極矣。余世居海濱，目擊時變，追惟往昔，四郊廬舍，鞠爲煨燼；千隊貔貅，空塡溝壑。既傷無辜之軀命，復浚有生之脂膏。聞者興憐，見者隕涕。㊸

信哉斯言。倘非倭寇肆虐，何以殘破至此？

我們對此一寇亂問題所要探討的，除其寇掠實態及上述三個問題外，它對當時的政治、經濟、社會、文化、產業、交通等所造成之影響，也須加以考察。這些問題，容於日後再予討論。

或以為明嘉靖年間的倭寇之發生，肇因於當時資本主義的萌芽，⑭此一說法容或有其理論根據，但仍有商榷之餘地。如衆所周知，明朝政府曾於洪武四年實施海禁，片板不許下海。所以凡有意持中國物貨前往海外貿易的，都非干犯海禁不可。如果資本主義萌芽，促使那些財主興對外貿易念頭，則在海禁政策下，只有助長走私之猖獗而已。走私猖獗，與寇亂之發生並無相關關係或必然關係。唯有在那些私販有詐騙行為，激怒其貿易伙伴，從而發生武力爭鬥，或誘引其債主至本國刼掠時方纔發生。而此一事實可由《明實錄》、《明史》〈日本傳〉、《籌海圖編》、《嘉靖東南平倭通錄》、《甓餘雜集》的相關記載，或本文之〈前言〉所引資料中獲得佐證。

如果當時未發生寇亂，則即使以走私方式往販海外，對中國工商業之發展與對外貿易活動，也必能產生正面的影響。若然，則不僅促進了明清時代的經濟活動更為發達，產業更為進步，今日中國在此一方面之活動，也必呈現另一種局面。

〔註釋〕

①：有關寧波事件的始末，請參看鄭樑生，《明代中日關係研究》（臺北，文史哲出版社，一九八五年四月），

頁三三四～三四八。

②：參看《明世宗實錄》（臺北，中央研究院歷史語言研究所影印本），卷五二，嘉靖四年八月戊午朔甲辰；卷八〇，六年九月乙亥朔丙戌；卷九九，八年三月丙申朔甲子；卷一〇六，八年十月癸亥朔乙巳，卷一〇八，八年十二月癸亥朔戊寅；卷一一八，九年十月丁巳朔辛酉各條。談遷，《國榷》（中華書局本），卷五五，十二年九月庚子朔辛亥條。嚴從簡，《殊域周咨錄》（明萬曆刊本），卷九，〈佛郎機〉條。

③：俞大猷，《正氣堂集》（廈門博物館、集美圖書館據味古書室藏版影印本，一九九一），卷七，〈論海勢宜知海防宜密書〉。

④：朱紈，《甓餘雜集》（明萬曆間刊本），卷二，嘉靖二十六年十二月二十六日，〈閱視海防事疏〉。此〈疏〉並見於《明經世文編》（明崇禎刊本），卷二〇五。

⑤：《明史》（臺北，鼎文書局，點校本），卷三二二，〈日本傳〉。

⑥：谷應泰，《明史紀事本末》（清文淵閣四庫全書本），卷五五，〈沿海倭亂〉。

⑦：同前註。

⑧：徐學聚，《嘉靖東南平倭通錄》（臺北，廣文書局，一九六七年一〇月），卷首語。

⑨：《明世宗實錄》，卷三五〇，嘉靖二十八年七月戊辰朔壬申條。

⑩：鄭舜功，《日本一鑑》（商務印書館據舊鈔本影印本，一九三九）〈窮河話海〉，卷六，〈海市・流逋〉條。

⑪：參看《明史》，卷二、三，〈太祖本紀〉；卷九一，〈兵〉，三，〈海防〉；卷一二六，〈湯和傳〉；卷一

二九，〈廖永忠傳〉；卷一三二，〈吳禎傳〉；卷一三二，〈周德興傳〉；卷三二二，〈日本傳〉等之相關記載。

⑫：采九德，《倭變事略》（明天啓三年海鹽原刊本，《鹽邑志林》之一），卷二，嘉靖三十二年五月二日條。

⑬：同註④。

⑭：同註④。

⑮：俞大猷，《正氣堂集》，卷八，〈與金存庵省庵書〉。

⑯：徐學聚，《嘉靖東南平倭通錄》，嘉靖三十一年四月條。

⑰：《明世宗實錄》，卷四一三，嘉靖三十三年八月己巳朔庚寅條。

⑱：采九德，《倭變事略》，卷四，嘉靖三十五年二月二十六日條。

⑲：戚繼光，《紀效新書》（清文淵閣四庫全書本），卷一六。

⑳：王文祿，《文昌旅語》，卷一。

㉑：《明世宗實錄》，卷四六五，嘉靖三十七年十月甲辰朔辛亥條所錄巡按御史劉堯晦劾胡宗憲之言。

㉒：徐學聚，《嘉靖東南平倭通錄》，嘉靖三十三年四月條。

㉓：采九德，《倭變事略》，卷四，嘉靖三十四年九月條云：「浙江兵備副使劉燾，督兵五千餘，分三道攻陶宅倭巢。倭二百餘來迎敵，諸軍望見散走。與家丁陸本高等二十餘人，各引滿射之。賊不敢近，燾僅以身免」。

㉔：鄭若曾，《籌海圖編》（清文淵閣四庫全書本），卷一〇，〈遇難殉節考〉「拾遺」，嘉靖三十三年三月條。

㉕：《明世宗實錄》，卷四三四，嘉靖三十五年四月己丑朔辛亥條。采九德，《倭變事略》，卷四，同年同月二十日條。

㉖：註㉔所舉書，同卷，嘉靖三十八年八月條。

㉗：小葉田淳，《中世南島通交貿易史の研究》（東京，刀江書院，昭和四十三年九月），頁六一。

㉘：參看鄭樑生，《明代中日關係研究》，頁四九五～四九六。

㉙：鄭若曾，《籌海圖編》，卷一一，〈經略〉一，「實軍伍」條所引海道副使譚綸之言。

㉚：唐順之，《荊川外集》（明萬曆九年純白齋刊本），卷二，〈條陳海防事略疏〉。

㉛：采九德，《倭變事略》，卷四，嘉靖三十五年五月二十五日條。

㉜：徐學聚，《嘉靖東南平倭通錄》，嘉靖三十三年四月條。

㉝：《明史》，卷三二二，〈日本傳〉。

㉞：同前註。

㉟：同前註。

㊱：同前註。鄭若曾，《籌海圖編》，卷九，〈大捷考．王江涇之捷〉。參看鄭樑生，〈張經與王江經之役〉，《中日關係史研究論集》，五（臺北，文史哲出版社，一九九五年四月），頁七五～一〇八。

㊲：參看本書頁七九～一二五，〈明嘉靖間靖倭督撫之更迭與趙文華之督察軍情〉。

㊳：《明世宗實錄》，卷五一五，嘉靖四十一年十一月辛巳朔己酉；卷五一七，四十二年五月庚辰朔壬寅條。參

看鄭樑生，《明代中日關係研究》，頁三五三～五二一，及〈胡宗憲與靖倭之役〉，《中日關係史研究論集》，第五輯，頁一〇九～一五四。

㊴：《明世宗實錄》，卷四五七，嘉靖三十七年三月己酉朔甲子條云：「提督福建軍務右副都御史阮鶚有罪，詔錦衣衛遣官校逮繫來京問。昨歲倭犯福州洪塘、南臺等處，鶚不能制，則取布政司庫銀數萬兩，及改機紬數百疋，金花千枝，牙轎數〔乘〕來賂之。並遺以新造巨舟六艘，俾載而去。……」

㊵：鄭若曾，《籌海圖編》，卷六，〈直隸倭變紀〉，嘉靖三十四年正月條；卷一〇，〈遇難殉節考〉，同年月條。

㊶：同前註書，卷六，嘉靖三十五年四月條；卷一〇，同年月條。

㊷：同前註書，卷四，〈福建倭變紀〉，嘉靖三十七年五月條；卷一〇，〈遇難殉節考〉，同年月條。

㊸：采九德，《倭變事略》，卷四，嘉靖三十五年四月二十三日條至八月二十五日條。茅坤，《紀剿除徐海本末》（臺北，廣文書局，一九六七年一〇月）。

㊹：參看前舉鄭樑生，〈胡宗憲與靖倭之役〉，《中日關係史研究論集》，五，頁一〇九～一五四。

㊺：同前註。

㊻：徐學聚，《國朝典彙》，卷一六九，〈兵部〉，三，〈日本〉。此事並見於谷應泰，《明史紀事本末》，卷五五，〈沿海倭亂〉。

㊼：鄭若曾，《籌海圖編》，卷一二，〈經略〉，二，「通貢道」條所錄尚書楊守陳之言。此事並見於茅元儀，

《武備志》（明天啓元年刊本），卷二三〇，〈四夷〉，八，〈日本考〉；葉向高，《四夷考》（明萬曆刊本），〈日本考〉；朱吾弼等編，《皇明留臺奏議》（明萬曆原刊本），卷一五，〈兵防類〉所錄張翀，〈杜狡夷以安中土疏〉。

㊽：鄭若曾，《籌海圖編》，卷一〇，〈遇難殉節考〉，「拾遺」條。

㊾：采九德，《倭變事略》，卷二，嘉靖三十三年四月五日條。

㊿：《明世宗實錄》，卷三九七，嘉靖三十二年四月丙子朔庚子條。

(51)：註㊾所舉書，卷二，嘉靖三十三年三月初八日條。

(52)：《明世宗實錄》，卷四三五，嘉靖三十四年八月癸亥朔壬辰條。

(53)：同前註書，卷四三四，嘉靖三十五年四月己丑朔己亥條。

(54)：同前註書，卷五二〇，嘉靖四十二年四月戊申朔丁卯條。

(55)：同前註書，卷四〇〇，嘉靖三十二年七月己巳朔戊申條。

(56)：徐學聚，《嘉靖東南平倭通錄》，嘉靖三十二年五月條。

(57)：《明世宗實錄》，卷四四七，嘉靖三十六年五月癸丑朔庚申條。

(58)：同前註書，卷四五八，嘉靖三十七年四月戊寅朔丙申條。

(59)：同前註書，卷四五九，嘉靖三十七年五月戊申朔條。

(60)：鄭若曾，《籌海圖編》，卷四，〈福建倭變紀〉將寇掠泉州之事繫於三月。《明世宗實錄》卷四五八，嘉靖三十七年四月戊寅朔甲寅條。

61：《明世宗實錄》，卷五一五，嘉靖四十一年十一月辛巳朔己酉條；卷五一七，嘉靖四十二年正月庚辰朔壬寅條；卷五一八，同年二月庚戌朔丁丑條。

62：其所以雷同，可能與其資料之因寇亂而散佚或被毀有關。在其他方志中亦多見因散佚或毀損而錄列以前的資料之例。

63：采九德，《倭變事略》〈序〉。

64：參看戴裔煊，《明代嘉隆間的倭寇海盜與中國資本主義的萌芽》（北京，新華書店，一九八二年七月）；林仁川，《明末清初私人海上貿易》（上海，華東師範大學出版社，一九八七年四月）。

中日關係史研究論集　目錄

第一集

第二集

第三集

第四集

第五集

附錄

第六集